Le parfum de l'Amour pur

Swamini Krishnamrita Prana

Mata Amritanandamayi Center, San Ramon
Californie, États-Unis

Le parfum de l'Amour pur
Swamini Krishnamrita Prana

Publié par :
Mata Amritanandamayi Center
P.O. Box 613
San Ramon, CA 94583
États-Unis

—————— *The Fragrance of Pure Love – French* ——————

Première édition par le Centre MA : septembre 2016

En France :
Ferme du Plessis
28190 Pontgouin
www.ammafrance.org

En Inde :
www.amritapuri.org
inform@amritapuri.org

Table des matières

« Je désirais trouver un cadeau à T'offrir.
Tu n'imagines pas la peine que je me suis donné,
Avec quelle ferveur j'ai cherché !
Quel objet aurait pu convenir ?
A quoi bon apporter de l'or à la mine d'Or,
De l'eau à l'Océan ?
Hélas ! Vaines étaient toutes mes idées !
Autant transporter des épices vers l'Orient !
Mon cœur et mon âme ? Tu les as déjà !
Alors je T'ai apporté un miroir.
Regarde-Toi
Et souviens-Toi de moi. »

— Rumi

Chapitre 1

Un foyer auprès de Dieu

La première fois que j'ai rencontré Amma, en 1982, elle était dans une petite hutte tressée en feuilles de cocotier et parlait avec quelques personnes assises sur le sol autour d'elle. Dès que je suis entrée, Amma s'est levée pour venir me souhaiter la bienvenue en me prenant dans ses bras. Son amour débordant m'a coupé le souffle. J'étais presque en état de choc car je n'aurais jamais imaginé que l'on puisse donner autant d'amour à une inconnue.

Je venais d'un centre spirituel situé au nord de l'Inde où le guru s'asseyait à une distance confortable et où personne n'était autorisé à le toucher. Certains maîtres spirituels sentent que le contact avec autrui peut entraîner chez eux une perte d'énergie. On dit que l'énergie s'écoule vers le bas du corps, jusqu'aux pieds. Il est donc possible de recevoir une bénédiction en touchant les pieds du maître avec respect. Afin de protéger leur énergie, de nombreux enseignants n'autorisent aucun contact physique ; on se prosterne à distance.

Amma était bien au-delà de tout cela. Dans sa compassion, elle offrait au monde avec enthousiasme son corps, sa vie et son âme. Pour mon mental «spirituellement éduqué» elle était tout simplement incroyable. Je pensais avoir fait le tour de la spiritualité mais Amma m'a rapidement démontré que j'ignorais tout de l'Amour pur et divin. J'étais ébahie de voir l'amour et l'affection qui émanaient d'elle si spontanément. Heureusement pour moi, la grâce s'est manifestée, m'offrant l'opportunité de vivre avec Amma à l'époque où il n'y avait encore que quatorze résidents à l'ashram. Le fait de vivre avec Amma m'a révélé une sphère entièrement nouvelle de la dévotion : il était possible de détourner mon esprit des objets du monde pour l'orienter vers des pensées et des actions utiles.

A travers la vie et les actions d'Amma, je voyais se manifester de manière tangible certains enseignements spirituels que je connaissais uniquement par les livres ou parce que j'en avais entendu parler. J'en avais ainsi l'expérience directe. Elle était en même temps toujours si humble. Son humilité fait partie de ses enseignements les plus profonds et pourtant les plus subtils.

Dans les premiers temps, il m'était difficile de comprendre ses actions car je n'avais jamais vu personne aussi ivre de Dieu. Il lui arrivait parfois de s'allonger sur le sable, ou encore sur nos genoux, et de chanter pour Dieu ou de plonger silencieusement dans un état d'extase divine, riant ou pleurant de béatitude.

Amma nous guidait dans nos pratiques spirituelles quotidiennes ; elle nous encourageait à méditer sur une forme divine autre que la sienne. Afin d'intensifier notre dévotion et d'accroître notre soif et notre désir d'union avec le Divin, nous devions aspirer à voir une forme qui ne fût pas si proche de nous. Heureusement pour nous, Amma était très accessible. Elle se rendait disponible à qui désirait être en sa présence, pendant des heures et des heures, de jour comme de nuit.

Nous avons un jour décidé de construire une petite maison pour Amma afin qu'elle ait un peu d'intimité car jusqu'alors, elle était en permanence à la disposition de tout un chacun. Deux petites pièces furent construites à l'étage : une chambre, et un salon pour les visiteurs. La pièce du rez-de-chaussée servait de salle de méditation. La construction achevée, Amma refusa de quitter sa petite hutte car elle pensait que ces deux nouvelles pièces étaient bien trop luxueuses pour elle. En fait, elles étaient extrêmement sommaires. Amma finit par céder à nos prières et par s'y installer.

Chaque jour, nous nous retrouvions dans la salle du rez-de-chaussée pour méditer. Un jour, l'un des *brahmacharis* (moine) fit une posture de yoga que je n'avais encore jamais vue. Les yeux écarquillés je l'observais, intriguée, alors qu'il rentrait son estomac jusqu'à ce que celui-ci devienne totalement concave. J'étais ébahie de voir que le corps pouvait faire une chose pareille !

Je pensai : « Ça alors ! Qu'est-ce qui se passe ? » J'étais là, sous le choc, à fixer son ventre qui disparaissait, quand Amma entra et, me voyant bouche bée, annonça : « A partir de maintenant les filles méditeront dehors. »

Dès lors les femmes, peu nombreuses, méditèrent sur la véranda. C'était beaucoup plus agréable d'être dehors, avec une vue sur les palmiers, les plages de sable et les bras de mer. Là, au milieu de la nature, j'imaginais le Seigneur Krishna en train de danser, tout près de moi mais hors d'atteinte, tandis que les gouttes de pluie s'écrasaient sur le sol.

J'ai découvert que l'imagination pouvait être une aide extraordinaire pendant les longues périodes de méditation. Il est difficile d'obtenir de la concentration et de la maintenir très longtemps, mais si nous l'utilisons à bon escient, l'imagination peut vraiment contribuer à notre évolution spirituelle.

La vie avec Amma était remplie de béatitude, totalement différente de tout ce que j'avais pu expérimenter ou même imaginer auparavant. Pourtant, il y avait aussi des moments difficiles.

La joie de la vie spirituelle est incomparable, mais on parle aussi de « la nuit obscure de l'âme ». C'est une période d'angoisse intense, pendant laquelle on se sent tiraillé entre la vie mondaine et la vie spirituelle. Nous souffrons parce que nous n'avons pas encore complètement embrassé la vie spirituelle. Durant cette période, nous savons qu'il n'existe pas d'autre chemin que le voyage spirituel mais l'attirance que nous éprouvons toujours pour le monde provoque une grande souffrance.

Durant mes premières années avec Amma, j'ai traversé une telle crise. J'étais trop gênée, je m'en souviens, pour en parler à quelqu'un. Je pensais être la seule à vivre cela, et c'était terrible, car je croyais que personne ne pouvait se sentir aussi mal ou avoir des sentiments aussi horribles. J'ai fini par me confier à un autre résident occidental, et il m'a avoué qu'il avait connu exactement les mêmes difficultés durant les deux premières années qu'il avait passées avec son guru. Découvrir que cette « nuit obscure» n'était pas inhabituelle chez les chercheurs spirituels m'a aidée à la dépasser.

Amma affirme que la foi véritable est inébranlable. Si elle vacille, c'est qu'elle n'est pas *authentique*. Le point positif, c'est qu'une fois qu'on a passé cette étape, on ne perd plus jamais la foi. Les deux premières années à plein temps dans un ashram sont souvent les plus difficiles parce qu'il faut s'adapter à un nouveau mode de vie. Amma nous rappelle que nous ne sommes pas des îles isolées, nous sommes tous les différents maillons d'une même chaine. Nous allons tous vivre à peu près les mêmes expériences, à quelques différences près.

Le conseil qu'Amma m'a donné à cette époque de souffrance était de développer soit un attachement pour Amma soit un attachement pour l'ashram. Etonnamment, j'ai choisi l'ashram.

J'étais venue vivre avec Amma pour qu'elle me guide, pour qu'elle soit mon guru. Mais presque tous les autres avaient l'air d'être venus vivre à l'ashram pour qu'elle soit leur Mère. Ils avaient avec elle une relation plus affective et maternelle que moi, qui la considérais avant tout comme mon guru. Il y avait donc une certaine distance. De ce fait, en même temps qu'un sentiment d'amour, j'éprouvais vis-à-vis d'elle une crainte mêlée de respect. Voilà pourquoi il m'a semblé plus facile de développer un attachement à l'ashram. Des années plus tard, j'appris que l'aspect de « *bhaya bhakti* » (crainte mêlée de respect) est un aspect nécessaire de la dévotion, qui nous évite d'agir de façon trop familière avec le guru.

Durant les dix premières années, j'ai voyagé avec Amma partout où elle allait. Lorsque le nombre de personnes voyageant avec nous a augmenté, j'ai senti qu'il valait mieux rester et contribuer à l'entretien de l'ashram, en continuelle expansion. Je pensais être plus utile en travaillant à l'ashram qu'en voyageant avec Amma et des centaines de personnes. Après tout, Amma et l'ashram, pour moi, c'était pareil. On dit que l'ashram est le corps du guru et c'est vraiment ce que j'ai toujours ressenti.

La plupart des gens aiment être en présence d'Amma, mais ils n'éprouvent pas forcément le même amour pour l'ashram. Pour moi c'était l'inverse : j'ai commencé par me sentir fortement engagée dans l'ashram, et c'est peu à peu, sous l'effet de la grâce, que je me suis retrouvée proche d'Amma. Amma savait bien que j'étais du genre à garder mes distances et le moment venu, elle m'a attirée petit à petit plus près d'elle. Son sentiment était peut-être que le moment était venu de travailler sur moi plus profondément.

Maintenant, j'ai encore plus d'amour pour elle que pour l'ashram, mais en réalité ils ne font qu'un. Un ashram *est* essentiellement le corps du guru et Amritapuri est mon paradis sur terre.

Chapitre 2

Une enfance de mangues et de béatitude

Chaque fois que nous voyageons en voiture avec Amma, elle parle de son enfance. Son visage s'illumine de joie lorsqu'elle se rappelle l'ancien temps. Je me demande parfois pourquoi elle choisit de penser si souvent à cette époque. Peut-être est-ce parce que les valeurs d'altruisme et d'amour étaient alors mises en pratique, bien plus qu'aujourd'hui.

Quand Amma était jeune, la vie de la famille aussi bien que celle du village étaient fondées sur les valeurs traditionnelles. Elle dit que chacun était si enclin à donner et à partager qu'aucune autre pratique spirituelle n'était nécessaire. Avec tendresse, elle ne cesse d'évoquer sa jeunesse afin de nous rappeler à quel point il est essentiel pour nous aussi de cultiver l'altruisme, l'amour, le don et le partage, et de construire notre vie sur ces valeurs.

Un jour, en parlant avec un dévot, Amma a raconté à quel point sa mère était habituée à travailler sans relâche. Elle élevait des poulets, des canards, des chèvres et des vaches. Elle s'occupait des jeunes cocotiers et fabriquait de la corde à partir de la fibre de l'écorce du cocotier. Elle cultivait de nombreuses plantes ayurvédiques dans le jardin, en cueillait les feuilles et préparait des remèdes pour tous types de maladies : cela allait de la toux, en passant par la fièvre, jusqu'aux mains gonflées. Bien qu'elle eût très peu fréquenté l'école, la mère d'Amma était une excellente femme d'affaires et générait souvent des revenus deux fois plus importants que ceux de son époux. Elle s'occupait de sa grande famille et en plus, elle travaillait sans cesse. Malgré ce dur labeur, elle était aimante envers tout le monde. Son travail physique était difficile, mais à cette époque, les actions étaient accomplies avec une attitude d'adoration et son esprit restait en permanence centré sur Dieu.

Quand la mère d'Amma avait fini de cuisiner, elle commençait toujours par mettre de côté une partie de la nourriture pour les voisins ou pour quelqu'un qui aurait faim. On pensait aux autres d'abord. Cette attitude désintéressée était naturelle à cette époque. Si des visiteurs arrivaient, on leur servait les meilleurs aliments et les enfants n'avaient pour tout repas que de l'eau de riz. Pour protester, ils dérobaient parfois du yaourt ou des morceaux de noix de coco, les mélangeaient avec du sucre et mangeaient cela ensemble en secret. S'ils étaient découverts, ils se faisaient sévèrement réprimander.

Si des hôtes se présentaient, Amma était prête à tout faire pour les accueillir. Quand il n'y avait pas de bois sec, il lui arrivait parfois de grimper à un cocotier et d'en arracher les branches sèches pour allumer un feu et faire du thé. Si sa mère la cherchait et la découvrait perchée dans un cocotier, elle la grondait en disant : « Personne ne voudra t'épouser sauf un grimpeur de cocotier. » Amma changeait toujours rapidement de sujet.

Lorsqu'un mariage était célébré dans le village, tout le monde apportait sa contribution en offrant des bijoux en or ou de l'argent, veillant ainsi à ce que les nouveaux mariés ne manquent de rien. A cette époque, personne ne pensait à accumuler pour le lendemain, chacun donnait ce qu'il possédait.

Les gens riches croient souvent qu'ils peuvent agir à leur guise, mais comment pourraient-ils connaître un bonheur authentique s'ils ne cultivent pas l'amour désintéressé, s'ils ne travaillent pas assidument, avec l'attitude juste ? Sans ces valeurs essentielles, cela leur sera très difficile.

Les valeurs traditionnelles connaissent aujourd'hui un déclin rapide. En Inde, comme partout dans le monde, elles s'érodent vite. Toute la culture d'Amma et sa vision spirituelle reposent sur le don et la joie qui en découle. Elle s'efforce d'éviter l'extinction de ces valeurs en nous offrant un exemple parfait. Amma incarne à la perfection l'idéal de l'abnégation. Elle dira peut-être à d'autres de se reposer s'ils sont malades, mais elle ne le fait jamais elle-même. La plupart des gens recherchent une vie facile et choisissent la voie la plus rapide et la plus confortable. Ils ne pensent qu'à ce qu'ils peuvent prendre. Amma, au contraire, suit toujours le chemin traditionnel, celui de la pureté. Jamais elle ne transige avec les valeurs qui sont les siennes : l'amour et la compassion. Elle ne pense qu'à ce qu'elle peut donner.

Depuis toujours, Amma voit les merveilles et la beauté de Dieu en tout. Dès l'enfance, elle savait que Dieu est en toute chose : les murs, les arbres, les plantes, les papillons, absolument tout. Elle raconte qu'elle avait l'habitude de poursuivre les libellules, les papillons, les abeilles et les oiseaux dans la forêt autour de sa maison. Les abeilles et les libellules la piquaient parfois lorsqu'elle les attrapait : elles ne savaient pas qu'elle voulait juste leur chanter une chanson. Elle inventait spontanément des chants, tout en dansant de béatitude dans la forêt, et racontait des histoires aux plantes et aux fleurs. Elle parlait à toute la nature comme à un ami intime parce que pour Amma, c'est ce qu'elle était vraiment.

Quand nous sommes dans la voiture et qu'Amma voit une rivière, elle se rappelle l'époque où les enfants allaient nager dans la lagune. Lorsque les filles n'étaient pas autorisées à nager, elles allaient dans la rivière tout en relevant leurs robes au-dessus des genoux. De cette façon, leurs mères ignoraient qu'elles étaient allées dans l'eau, car leurs vêtements restaient secs.

Lorsqu'Amma était petite, quand le vent soufflait fort, elle et les autres enfants se précipitaient à l'extérieur au pied du manguier et priaient avec ferveur pour qu'un fruit tombe. Aujourd'hui, le bruit du vent dans les arbres suffit pour qu'Amma se rappelle ces innocentes prières.

De nos jours, la création entière implore la Mère divine de venir la guérir ; il ne s'agit pas seulement des gens mais aussi de Mère Nature elle-même. Lorsqu'Amma était enfant, le lien profond que les villageois entretenaient avec la nature leur permettait d'apprécier la générosité de Mère Nature. Mais aujourd'hui c'est l'inverse : notre manque de respect aboutit à la destruction incessante de la nature. Afin de protéger le monde dans lequel nous vivons, il nous faut rétablir les valeurs traditionnelles que sont la sollicitude et le respect pour tous les êtres.

Il y a quelques années, à l'île Maurice, Amma insista pour que nous allions jusqu'à une certaine maison afin de la bénir, ainsi que la famille à qui elle appartient. La famille n'habitait plus là, et la maison était vide. Nous pensions tous qu'il était inutile qu'Amma se donne tant de mal ; elle venait de donner le darshan toute la nuit et nous souhaitions qu'elle se repose. Mais elle se montra inflexible. Elle voulait retourner sur le lieu où elle avait séjourné quelques années auparavant, afin de dire « merci » aux arbres, aux plantes et aux murs de la maison qui l'avaient abritée. Elle nous rappela qu'il ne faut jamais oublier ses origines mais au contraire toujours leur témoigner de la gratitude.

Chapitre 3

Une mission : élever la conscience de l'humanité

Dès le début, Amma savait que sa vie était consacrée à aider l'humanité souffrante. Encore enfant, elle manifestait déjà un amour immense. A cet âge si tendre, une force la poussait à faire tout son possible pour soulager la douleur d'autrui.

Comme Amma voit Dieu en toutes choses, elle a passé une grande partie de son enfance dans un état de béatitude, malgré les souffrances bouleversantes dont elle fut le témoin. Elles étaient dues à l'extrême pauvreté qui régnait dans son village. Beaucoup de villageois souffraient énormément, faute de pouvoir dépenser quelques roupies pour acheter des analgésiques.

Certains parents avaient dû retirer leurs enfants de l'école car ils n'avaient pas les moyens d'acheter une feuille de papier, indispensable pour les examens. Les petites huttes dans lesquelles vivaient la plupart des villageois étaient faites de feuilles de cocotier tressées dont les toits devaient être refaits chaque année, surtout avant la mousson. Quand les familles n'en avaient pas les moyens, le toit fuyait. Les mères qui possédaient des parapluies restaient assises toute la nuit, abritant leurs enfants des pluies torrentielles. Lorsque les pêcheurs n'attrapaient aucun poisson, ce qui était souvent le cas, ces pauvres villageois ne mangeaient pas. Certains hommes noyaient leur chagrin dans l'alcool, buvant et jouant aux cartes sur la plage. Quand ils rentraient chez eux, ils frappaient leurs femmes. Il arrivait aussi que des ivrognes de passage créent des problèmes. Amma a toujours souhaité trouver une solution pour aider ces personnes, plus particulièrement les femmes, afin qu'elles aient au moins une petite maison de deux pièces pour s'abriter.

Lorsqu'elle était enfant, beaucoup de personnes âgées en détresse venaient la voir. Tout naturellement, elle les consolait et leur permettait de pleurer sur son épaule ou de s'effondrer sur ses genoux. Si les familles les négligeaient, Amma les amenait chez elle pour leur donner un bain, les nourrir et les habiller décemment.

A force de penser aux autres, Amma s'est totalement oubliée ; elle est devenue une rivière d'amour et de compassion qui s'écoule vers les pauvres, transforme la douleur en espoir et trace un avenir prometteur pour de nombreuses personnes.

Amma ressentait la souffrance d'autrui comme la sienne. Elle répondait spontanément à la douleur qui l'interpellait, sans jamais se demander si la personne était un homme ou une femme. Elle lui offrait alors la nourriture ou l'argent qu'elle possédait ou dénichait ; il lui arrivait même de voler chez elle pour aider les autres. Cela créait de fortes tensions dans la famille.

La sœur d'Amma se souvient : « Notre mère ne disputait jamais Amma lorsqu'elle donnait de la nourriture aux pauvres, mais Amma donnait presque *tout* ce que nous avions ! Elle allait chez les gens, rentrait à la maison et prenait tout ce dont ils avaient besoin. Elle leur donnait du riz, des légumes, des vêtements, des ustensiles, etc. Nous avions même peur pour notre savon ! A l'époque, nous considérions cela comme du vol. Parfois, j'allais à la salle de bain et je jetais le savon qu'Amma avait utilisé pour laver les personnes âgées ; j'étais tellement dégoûtée que je ne pouvais pas supporter d'utiliser le savon qu'elles avaient touché. Nous avions l'habitude de raconter à notre mère tout ce que faisait Amma et elle était punie, elle recevait même des fessées. C'est seulement maintenant que nous comprenons : cette attitude charitable jaillissait de son pur amour. Je m'excuse souvent auprès d'Amma pour tout ce qu'elle a dû autrefois endurer à cause de nous. Nous ignorions sa nature divine. »

Il y avait quatre filles dans la famille et la société en ce temps-là imposait aux femmes de nombreuses restrictions : les femmes ne devaient être ni vues ni entendues. Elles n'étaient pas censées parler fort, les murs ne devaient pas les entendre ni la terre sentir le poids de leurs pas. Elles étaient tenues de se montrer silencieuses et respectueuses envers les hommes et ne devaient jamais exprimer leur opinion.

Amma et ses sœurs furent élevées très sévèrement. Leur mère leur enjoignait de ne jamais parler à voix haute, courir ou marcher vite ; elles ne pouvaient porter qu'un petit point sur le front, jamais un grand, et ne devaient jamais attirer l'attention sur elles.

La compassion d'Amma lui a fait ignorer les règles sévères de la société indienne. A mesure qu'elle grandissait, son attitude paraissait de plus en plus excentrique aux yeux des villageois. C'est à cette époque qu'elle s'est libérée de la cage de fer qui emprisonnait les femmes. Sa famille et les villageois furent scandalisés lorsqu'elle commença à donner le darshan et à prendre des étrangers dans ses bras, y compris des hommes. A cette époque, de nombreuses personnes qu'Amma avait aidées durant plusieurs années la rejetèrent. On ne peut pas reprocher à sa famille d'avoir été atterrée par le comportement d'Amma. Ils étaient inquiets car ils voulaient marier leurs quatre filles et craignaient que le comportement inhabituel d'Amma ne ternisse la réputation de la famille. Comment auraient-ils pu comprendre que l'étrange comportement d'Amma n'était qu'un signe de sa grandeur?

A l'époque, les *sannyasis* (moines hindous) voyageaient souvent de village en village pour enseigner la spiritualité aux gens. Mais jusqu'à l'âge de vingt ans, Amma ne vit jamais aucun *sannyasi* dans la région. Elle accepta patiemment l'ignorance de sa famille et des villageois car elle connaissait le but de son existence et savait ce que lui réservait l'avenir. En vérité, quand une fleur s'épanouit et qu'il émane d'elle une beauté et un parfum exquis, est-il possible d'en écarter les abeilles ?

Chapitre 4

Le Guru nous guide vers Dieu

Amma ne se contente pas de s'asseoir et de parler de spiritualité ; elle la vit chaque jour et en donne un exemple parfait. Ses actions sont encore plus puissantes que les messages des Ecritures. Elle est l'essence vivante de toutes les Ecritures. La sainte histoire de sa vie illustre toutes les voies du yoga : *karma* (action désintéressée), *bhakti* (dévotion) et *jnana* (connaissance). Amma nous rappelle que nous sommes *destinés* trouver le Divin et elle s'efforce d'éveiller en nous le désir de chercher le bonheur éternel. A travers les actions du guru, nous voyons Dieu de façon tangible. En présence d'Amma, l'Amour divin devient une expérience *personnelle*, on peut le voir et le ressentir.

Le cycle de notre évolution physique et spirituelle est parfaitement planifié. Nous devons donc apprendre à nous abandonner à Dieu afin de dépasser la souffrance et d'atteindre cet état final d'union avec le Divin. En réalité, l'origine de tous nos problèmes est en nous : ils proviennent de l'attitude négative de notre mental. Par compassion, le guru crée des situations qui démantèlent notre ego, qui s'amenuise lentement.

Je me rappelle l'histoire d'une dame espagnole en visite à l'ashram. Elle ne comprenait pas l'anglais et voulait acheter quelque chose de sucré. Elle est allée au café où le menu est écrit entièrement en anglais et a acheté un morceau de gâteau parce qu'il était qualifié de « sans ego ». Elle a pensé qu'Amma avait beaucoup de compassion de proposer un gâteau sans ego. En réalité, l'inscription annonçait « sans œufs (*egg*) » ! Nous ne savons jamais de quelle façon Amma travaille sur nous…

Une histoire touchante raconte l'évolution d'un dévot qui assistait chaque soir aux discours de son maître spirituel. Durant toute la première année, l'enseignant ignora totalement son disciple, bien que celui-ci assistât à tous les *satsangs* (enseignements spirituels). Il était extrêmement frustré et même en colère d'être ignoré ainsi chaque jour. Maîtrisant sa colère, il continua pourtant à venir écouter les *satsangs*. Au cours de la seconde année, au début d'un exposé, le maître fit signe au disciple de venir s'asseoir devant lui. L'homme crut qu'il allait obtenir enfin un peu d'attention mais le maître continua volontairement à l'ignorer. Le temps passant, la colère du disciple fit place à une profonde tristesse. Ainsi, son ego du disciple fondit lentement et son mental devint totalement silencieux. Un jour, alors que le disciple touchait le fond d'une tristesse absolue, le guru s'approcha de lui. Il toucha tendrement le visage de son disciple et le regarda profondément dans les yeux. A cet instant, par la grâce de son maître si patient et compatissant, le disciple s'éveilla.

C'est uniquement lorsque notre ego fond et que nous devenons *rien* que nous devenons quelque chose. C'est seulement alors, dit Amma, que notre conscience participe à tout ce qui existe.

Chacune des actions d'Amma illustre ses enseignements. Nous aurons beau étudier des milliers de livres spirituels et écouter des centaines d'enseignants à la mode, seule la grâce de celui qui a pénétré les couches les plus profondes de l'âme nous amènera au but. Rien d'autre n'a ce pouvoir. Selon Amma, ce n'est pas à elle de tout nous dire. Il nous faut apprendre de la vie. Fontaine de sagesse, elle nous enseigne inlassablement les vérités spirituelles. Nous aimons la regarder et écouter ses satsangs mais pour la plupart, nous sommes convaincus de tout savoir. N'avons-nous pas lu un grand nombre de livres, traitant de toutes les formes de spiritualité, anciennes ou modernes ? Et pourtant, combien d'entre nous s'efforcent de modeler leur vie selon les principes de la spiritualité ?

Au dixième siècle vivait un Grand Vizir de Perse, Abdul Kassem Ismaël, qui était si attaché à son savoir qu'il ne supportait pas d'être séparé de sa bibliothèque de cent dix-sept mille livres. Lorsqu'il voyageait, une caravane de quatre cents chameaux portait tous ses livres. Les chameaux étaient dressés pour marcher selon l'ordre alphabétique des livres qu'ils portaient. C'est une histoire vraie.

Même si nous possédons intérieurement toute la connaissance du monde, il est difficile d'y avoir accès au bon moment. C'est pourquoi nous avons besoin d'un maître authentique comme Amma pour nous guider.

Il y a quelques années, pendant un tour de l'Inde, nous voyagions dans le camping-car après une pause déjeuner avec tout le groupe et Amma était assise par terre, en train de fabriquer un bateau en origami. Il y avait un enfant auprès d'elle et elle lui demanda de se concentrer car elle voulait lui apprendre comment fabriquer son propre bateau.

« Regarde bien, » disait-elle, tout en faisant les plis. Elle comptait « Un, deux, trois, quatre… » Il fallait douze plis pour créer le petit bateau de papier. En observant la scène, j'ai compris que c'est exactement ce que le maître spirituel fait pour nous : Il nous montre comment accomplir chacune de nos actions de manière à créer une œuvre magnifique, et peut-être même un bateau qui nous fera traverser l'océan du *samsara* (cycle des vies et des morts) !

Amma répéta deux fois le processus pour le petit garçon mais en fin de compte, tout ce qu'il voulait, c'était jouer avec le bateau. Il ne désirait pas vraiment apprendre à en fabriquer un. Nous lui ressemblons et préférons bien souvent nous amuser et jouer plutôt que d'apprendre avec patience les leçons que la vie nous offre. Heureusement, Amma attend patiemment que nous soyons prêts à les assimiler.

Amma est réputée pour son amour immense, mais je pense que sa patience est encore plus phénoménale. Elle ne cesse d'enseigner à travers chacune de ses actions le message des Écritures. Seule une âme ayant réalisé Dieu connaît les principes spirituels essentiels, ceux qui peuvent nous aider à avancer sur le chemin. Soyons vigilants lorsque nous choisissons un maître spirituel et ne l'acceptons que s'il a réalisé la Vérité. De tels êtres sont rares. Parfois nous hésitons à les approcher, sachant qu'ils connaissent nos actes passés et perçoivent nos pensées dans toute leur laideur et leur égoïsme. Mais leur cœur est si pur et leur amour si infini qu'ils ne voient en nous que les erreurs d'un enfant innocent.

Certaines personnes tombent si amoureuses d'Amma qu'elles lui demandent si elles doivent quitter le monde pour venir vivre à l'ashram, en Inde. Amma répond généralement qu'il n'y a rien de mal à mener une vie de famille, tant que l'on garde le but ultime à l'esprit. Où que nous allions, dit Amma, n'oublions pas de garder un petit espace intérieur pour notre vrai foyer : celui où nous sommes près de Dieu.

Chapitre 5

Sur le sentier de la vraie beauté

La beauté est devenue factice : nous l'enfilons comme un masque que nous fabriquons. Amma nous montre que la vraie beauté émane de l'intérieur.

Amma dit : « C'est l'*altruisme* qui permet à notre beauté de rayonner à travers la coquille de l'ego. » Sa beauté ne réside pas seulement dans ce qu'elle partage avec nous lorsque nous sommes en sa présence, mais aussi dans les couches subtiles de pensées et de sentiments non exprimés qu'elle nous inspire. Plus nous manifestons d'amour et d'intérêt pour les autres, plus nos cœurs deviennent purs et notre parfum doux.

Amma est comme une usine de parfum où se créent les odeurs les plus exquises du monde et j'ai simplement la chance d'avoir obtenu un emploi dans son usine, si bien que je me suis imprégnée d'un peu de parfum, comme c'est sans doute le cas d'autres personnes.

Lorsque nous voyageons, toutes sortes de personnes sont profondément touchées par l'énergie divine d'Amma : employés de la compagnie aérienne, femmes de ménage, agents de sécurité et passagers et employés de l'aéroport, la plupart d'entre eux n'ayant encore jamais eu la chance de recevoir le darshan d'Amma. Un jour, alors que nous quittions l'Inde, un groupe important de policiers est venu escorter Amma jusqu'à l'avion, comme ils le font d'habitude. Ces mesures de sécurité ne sont pas vraiment nécessaires mais elles semblent être le travail favori des policiers, qui se bousculent pour être près d'Amma et marcher à ses côtés. Où que nous allions, ils entourent Amma pour essayer de la protéger de la foule, même quand il n'y a personne ! Bien qu'habituellement je marche derrière Amma lorsque nous voyageons, comme je ne figure pas sur leur liste de personnes importantes à escorter, il semble bien souvent que je sois invisible à leurs yeux. Je dois parfois lutter pour me frayer un chemin à travers eux et rattraper Amma. Souvent, elle m'attend, mais il arrive que je ne puisse pas la suivre.

Une fois, les policiers très heureux d'emmener Amma, m'ont laissée récupérer nos sacs au niveau des détecteurs de métal. J'ai essayé de la rejoindre mais je me suis retrouvée à plusieurs minutes de distance. Heureusement pour moi, Amma avait laissé une piste : des visages irradiant la joie et le bonheur. Tout le long du chemin, je croisais des êtres qui débordaient de joie, je savais donc exactement dans quelle direction Amma était allée ! J'accompagne habituellement Amma lorsque nous fendons rapidement les foules, j'ai donc la possibilité de voir avec quel enthousiasme les gens la saluent, mais je n'avais jamais pu remarquer les effets plus durables de ces rencontres. En marchant seule ce jour-là, j'eus le loisir d'observer l'extase qui se lisait sur les visages. C'était comme si elle avait laissé une vague de joie dans son sillage !

Amma ne nous inspire pas seulement par son darshan ; il lui suffit parfois d'un regard, d'un sourire ou d'une caresse. Le simple fait d'être en sa présence nous inonde de joie.

Un matin, pendant un programme qui se déroulait dans un Brahmasthanam (temple conçu par Amma et dont la pierre unique est sculptée sur les quatre faces, symbolisant l'unité sous-jacente à toutes les déités. Dévi, Shiva, Rahu et Ganapathi sont les quatre divinités représentées, une sur chaque côté), Amma a demandé aux dévots d'imaginer qu'ils versaient du yaourt, du ghee (beurre clarifié) et de l'eau de rose sur les pieds de leur divinité préférée. Alors que tout le monde avait les yeux fermés, dans un état de profonde contemplation, Amma a pris une rose qui se trouvait à côté d'elle sur le peetham (plateforme élevée sur laquelle est assis le guru) et l'a déplacée de l'autre côté, de façon à montrer comment mettre la rose sur les pieds de notre divinité bien aimée.

Seule une jeune femme dans l'audience avait les yeux ouverts. Au lieu de les fermer, elle observait Amma, fascinée. Elle portait un petit enfant endormi, blotti sur son épaule. Le regard espiègle d'Amma s'est posé sur elle, et son visage s'est illuminé de joie. Le sourire d'Amma était très affectueux et cette jeune femme était seule à l'avoir vu. Dans sa joie, elle a serré son enfant contre elle et durant quelques secondes, a fermé les yeux de bonheur. Puis rayonnante, elle a rouvert les yeux ; elle exultait de joie.

J'ai remarqué cet échange, captivée par cette scène magnifique : Amma décochait une flèche dans le cœur d'un être humain. Elle aidait cette femme à faire l'expérience de la béatitude profonde que recèle son Soi intérieur. J'étais très heureuse que cette jeune mère puisse vivre un moment si personnel et si touchant avec Amma. Elle avait sans doute dû faire de gros sacrifices pour pouvoir assister au programme d'Amma. Quel cadeau pour moi d'observer la joie de cette femme ! Mon bonheur était presque aussi grand que le sien ! Efforçons-nous de trouver notre joie dans le bonheur d'autrui. Il n'est pas nécessaire d'être celui qui passe au darshan pour partager l'expérience et ressentir la même joie ; il suffit d'être en présence d'Amma et d'observer l'effet qu'elle a sur ceux qui l'entourent. Amma trouve toujours un moyen d'ouvrir le cœur de chacun.

Amma est consciente, à chaque instant, de la Réalité ultime qui est le substrat de toute chose et donne la beauté à tout ce qui existe. Elle voit le Divin en tout, et fait tout ce qu'elle peut pour nous transmettre cette vision. Elle désire le meilleur pour nous : nous guider vers cet état de conscience, afin que nous fassions l'expérience de cette même Réalité. Voilà pourquoi Amma est si magnifique : parce que la compassion rayonne à travers chacun de ses regards. Ses yeux irradient en permanence la lumière divine.

Chapitre 6

Mère de la Compréhension

Amma regarde le tréfonds des âmes qui viennent à elle. Elle voit bien que la source de l'ego et de tous les autres problèmes, ce sont les souffrances passées. Alors que nous avons tendance à rejeter quelqu'un qui nous agace ou nous frustre, Amma au contraire lui prodigue de l'amour et fait ainsi peu à peu fondre sa douleur. C'est ce qui fait la beauté de son Être et de ce qu'elle nous offre. La compréhension qu'elle a de nous est si subtile et profonde que nous sommes incapables de la concevoir.

Le jour de mes cinquante ans, nous étions en route pour un programme, lorsqu'Amma s'est soudain tournée vers moi et a demandé « Quelle est la date, aujourd'hui ? » J'ai répondu que je l'ignorais. Amma a demandé à Swamiji. Il ne savait pas non plus. J'ai demandé au chauffeur qui nous a renseignés. « Oh ! » me suis-je exclamée…cela m'a échappé.

Amma a demandé ce qui se passait. J'ai répondu « Amma, j'ai cinquante ans aujourd'hui, je ne m'en étais pas aperçu. » Plus tard, certaines personnes ont découvert que c'était mon anniversaire, elles ont commandé un gâteau et organisé un darshan spécial anniversaire. C'était à la fois une surprise et une expérience magnifique, mais d'ordinaire, je ne fête pas mon anniversaire. Les religieux ne sont pas censés célébrer leur anniversaire et je n'en aurais jamais volontairement rappelé la date à Amma. Maintenant, à mon plus grand désarroi, tout le monde est au courant !

Quelques années plus tard, certains décidèrent d'organiser une fête d'anniversaire en mon honneur. Soupçonnant leurs intentions, je leur avais répété plusieurs fois que je ne souhaitais rien de spécial ce jour-là. Mais les gens se laissent emporter par « la folie de l'anniversaire ». Ils préparèrent un gâteau et me dirent d'aller voir Amma pour le darshan. Très en colère, je refusai d'aller sur l'estrade. C'était une journée extrêmement chargée pour Amma, il y avait une foule importante au programme. Ces fauteurs de trouble allèrent demander à Amma de m'appeler. Amma leur lança un regard étrange et répondit : « J'ignore si elle aimera cela ; dites lui qu'elle n'est pas obligée de venir si elle ne le souhaite pas. »

Lorsqu'on me rapporta les paroles d'Amma, je fus extrêmement heureuse. Cela me rappela qu'il existe au moins une personne au monde qui me comprend vraiment. Amma connaissait mon opinion au sujet des fêtes d'anniversaire. C'était vraiment le plus beau cadeau du monde : savoir qu'Amma me comprend, quand bien même personne d'autre n'en est capable.

Amma est notre Mère à tous. Elle nous accepte, nous nourrit et répand sur tous les êtres, sans distinction, la même sollicitude. Elle écoute les moindres détails, reconnaît toutes les facettes et les sentiments d'une personne, qu'ils soient conscients ou profondément enfouis dans le subconscient.

Quand Amma commence à raconter une histoire pendant un satsang, il peut nous arriver de penser : « Oh j'ai déjà entendu cette histoire ».

Pourtant, si nous restons ouverts et vigilants, chaque écoute peut nous permettre d'accéder à un meilleur niveau de compréhension. Il faut parfois des années pour comprendre qu'Amma répond à quelque chose de bien plus profond que nous ne l'imaginions, bien au-delà des couches superficielles de la conscience à partir desquelles nous fonctionnons habituellement.

Amma nous comprend mieux que nos parents. Les parents aiment peut être leurs enfants, mais cela ne signifie pas qu'ils les comprennent vraiment. Je connais un jeune adolescent qui avait un désir inassouvi : il s'était fait percer les oreilles et portait de petites boucles d'oreilles, mais pour être à la mode, il en désirait de plus grosses. Quand il a exprimé son souhait à ses parents, ils n'ont pas voulu en entendre parler. Un jour, pendant son darshan, Amma lui a dit : « Oh, très jolies boucles d'oreilles, mais tu ne crois pas que cela t'irait mieux si elles étaient un peu plus grandes ? » Tout joyeux, ce garçon est allé dire à ses parents : « Vous voyez, Amma me comprend mieux que vous ! »

Amma était en phase avec lui et avec ses désirs. De telles anecdotes sont très fréquentes pour la bonne raison qu'Amma ne fait qu'un avec notre Essence. Parce qu'elle sait qui elle est, elle sait aussi qui nous sommes. Quant à nous, nous l'ignorons totalement. Nous ne connaissons que les nuages des pensées et des émotions qui voilent en permanence notre esprit. Elles s'emparent de nous et disent « Voilà qui tu es : tu es trop gros ou trop mince ; tu as la peau trop foncée ou trop claire, tu n'as pas la bonne couleur de cheveux... » Amma nous connaît mieux que nous-mêmes, elle perçoit jusqu'au moindre détail de notre structure cellulaire. N'en doutez jamais.

L'université d'Amma en Inde accueille dix-sept mille étudiants. Un des internes dit un jour à ses camarades : « C'est une vraie prison ici, on ne peut même pas s'amuser, c'est comme une prison. » Lors de son darshan suivant, Amma lui demanda : « Alors la prison, c'est comment ? » Elle aborda spontanément le sujet avec lui. Il était sidéré, complètement sidéré qu'Amma puisse comprendre son état d'esprit. Cela changea tout pour lui et il fut ensuite capable de s'adapter à toutes les règles. Il savait qu'il pourrait toujours aller trouver Amma et qu'elle le comprendrait bien mieux que ses parents ou ses meilleurs amis.

Quand Amma nous étreint, elle nous accueille totalement, sans exclure nos ténèbres intérieures les plus profondes. Elle nous comprend mieux que nous-même. Comme elle est détachée et ne pense pas à ses propres sentiments, elle capte chacune de nos pensées, chacun de nos désirs, sans qu'aucune projection n'interfère. En conséquence, elle nous voit parfaitement et nous accepte complètement. Elle touche la partie la plus secrète et la plus pure de notre âme, permettant ainsi à la beauté qui sommeille en nous d'entrevoir la lumière du jour.

Chapitre 7

Le parfum de l'Amour

L'amour d'Amma dépasse l'imagination. Elle vient à nous en nous rappelant cette vérité : « En chacun de nous, une voix pleure, languissant de connaître la douceur de l'amour pur ; mais personne ne l'écoute. Bien que nous soyons nés pour connaître ce pur Amour, bien qu'il soit la seule vraie richesse, c'est le bien le plus rare en ce monde. » Amma nous apporte l'espoir en répondant à cette voix qui implore en nous. Elle nous prodigue l'amour auquel nous aspirons de tout notre être.

Je me souviens d'avoir un jour assisté, lors d'un voyage en Inde, à une conversation téléphonique entre Amma et un dévot atteint d'un cancer. Amma s'est mise à pleurer doucement, si bien que le dévot, à l'autre bout du fil, s'efforçait de la réconforter. Amma continuait à verser des larmes, tandis que le dévot lui répétait : « C'est bon, Amma, je ressens ta grâce, ça va bien. »

Une fois la conversation téléphonique terminée, Amma avait encore les larmes aux yeux. Assise à côté d'elle, je pensais : « Pourquoi Amma est-elle si triste ? Elle connaît pourtant la vérité : ce corps n'est pas éternel. » Je lui ai dit : « Amma, tu connais la vérité… » Et me voilà en train de lui donner un petit cours de rappel sur le Védanta ! Elle m'a regardée et a répondu : « Je sais …*mais je ressens leur souffrance !* »

Je suis restée coite un bon moment. J'avais si honte de moi. Je suis rentrée en moi-même et j'ai médité sur la grandeur d'Amma. Non seulement elle est unie à Dieu mais en outre, dans sa compassion infinie, elle perçoit tout être comme un miroir d'elle-même. Cela va donc beaucoup plus loin. Il faisait nuit. Enveloppée par l'obscurité protectrice de la voiture, ce fut mon tour de verser des larmes silencieuses. Quand je la contemplais, Amma évoquait pour moi une étoile filante qui aurait voyagé au-delà des limites connues pour revenir ensuite sur terre, se mettre à notre niveau, nous bénir et exaucer nos souhaits. Elle s'efforce de nous enseigner comment mener une vie fondée sur la compassion.

Une nuit, à la fin d'un programme Brahmasthanam à Mangalore, un dévot attendait Amma, perdu dans la foule. Amma n'avait pas dormi. Elle avait tout juste le temps de se laver et de se changer avant de repartir pour le programme suivant. Le trajet jusqu'à Hyderabad était long. Ce dévot pleurait depuis un certain temps. Il avait travaillé sans relâche durant les trois jours de programme, son seva (bénévolat) consistait à organiser l'hébergement des dévots qui affluaient pour venir voir Amma. Il n'avait pas pu venir au programme car la police, en raison de l'importance des foules, avait fermé les portes de l'ashram. Pensant qu'il avait manqué le darshan d'Amma, il pleurait, profondément accablé. Lorsque les dévots lui ont dit qu'il avait travaillé si dur et avait manqué son darshan, Amma a oublié son propre épuisement et sa souffrance, elle s'est précipitée vers lui et lui a donné une étreinte magnifique, le gardant longtemps contre elle. Il a fini par perdre conscience, submergé par l'amour d'Amma et par sa compassion pour lui. Lorsqu'il s'est évanoui, Amma s'est assise sur les escaliers en le soutenant et a demandé qu'on apporte de l'eau de noix de coco. Il voulait se lever mais elle a insisté pour qu'il finisse d'abord de boire l'eau de coco. Il n'en croyait pas son bonheur ni la compassion sans bornes d'Amma, qui lui avait accordé une si longue étreinte.

Je compris alors que c'est sans doute la raison pour laquelle Amma ne donne qu'une seconde de darshan à certains Indiens : s'ils recevaient plus, comme cet homme, ce serait trop pour eux ! En une seconde, Amma peut absolument tout nous donner.

Une poignée de riz soufflé, voilà tout ce que Kuchela fut autorisé à offrir au Seigneur Krishna. Ainsi, il suffit d'une seconde du darshan d'Amma pour que la voie de la dévotion s'ouvre à nous, un chemin bordé de toute l'abondance spirituelle que la vie peut offrir.

La tradition raconte que Radha ne rencontra le Seigneur Krishna qu'une seule fois, au bord de la Yamuna. Dès lors, elle ne cessa jamais de l'aimer et se relia à Lui par le cœur. Un seul darshan avec Amma suffit pour qu'elle ne nous oublie jamais et nous aime profondément, pour l'éternité.

Amma dit: « A moins que votre cœur ne fonde de compassion pour les autres, vous ne connaîtrez jamais le sens réel du mot « amour », il ne restera qu'un mot dans le dictionnaire. » Apprenons à ouvrir notre cœur comme le fait Amma. Il n'y a pas de frontières pour elle. Elle est unie à tous les êtres. Rien n'est séparé d'elle.

Si nous pouvons compatir à la souffrance d'autrui et nous réjouir de son bonheur…vivre la joie du darshan d'un inconnu comme si c'était la nôtre, alors le chemin qui mène au paradis sera jonché de pétales de roses. C'est une chose très difficile. C'est pourquoi, Amma nous le rappelle constamment : « Nous sommes toujours des débutants. »

Amma est une rivière d'amour. Elle fait de son mieux pour répandre sur tous autant d'amour et d'attention que possible, chaque jour de sa vie. Amma est une Déesse vivant parmi nous comme un être humain ordinaire, mais qui nous aime tous d'un amour extraordinaire et divin.

Chapitre 8

L'Amour d'un Maître parfait

L'amour d'un Être réalisé est la force la plus puissante qui soit sur cette terre. Cet amour est pur, il ne demande rien en échange. De tels Êtres sacrifient leur vie pour nous libérer. Il est impossible en ce monde de trouver quoi que ce soit de plus beau que l'amour d'un maître parfait ; nulle part nous ne trouverons plus de générosité et de confiance.

On raconte que quand le Seigneur Bouddha atteignit l'éveil, il ne voulut plus sortir de cet état de béatitude. Mais dès qu'Il posa la main sur le sol, la terre le supplia, au nom de toutes les âmes incarnées, d'enseigner à tous les êtres comment se libérer de la souffrance. Que pouvait faire le Seigneur Bouddha, si ce n'est revenir?

C'est cela l'amour vrai, un amour si sincère et authentique que la plupart des gens le rencontrent rarement, même en rêve. Rares sont ceux qui ont la chance d'en faire l'expérience à l'état de veille. Peu d'entre nous sont prêts à recevoir un tel amour, peu en sont capables, quant à pouvoir le donner, n'en parlons pas.

Le plus grand sacrifice pour un *mahatma* c'est, dit-on de s'incarner sur terre et de vivre parmi nous, qui demeurons dans les ténèbres de l'inconscience. Mais ils sont prêts à accomplir ce sacrifice.

Dans sa jeunesse, le Seigneur Bouddha avait des ennemis fort jaloux qui cherchaient à ruiner sa réputation. Ils lui envoyèrent la courtisane la plus célèbre de l'époque. Bouddha l'aima comme il aimait tous les êtres, mais il la regardait avec les yeux d'un père. Bien que la courtisane fût d'une grande beauté, son cœur n'était plus innocent. Elle tenta de séduire le Seigneur Bouddha. Il lui répondit par un sourire empreint de pureté divine. Il rejeta ses propositions amoureuses en disant : « Je t'aimerai lorsque personne d'autre ne t'aimera. Je t'aimerai quand tout autre amour t'aura abandonnée. » Ces propos la mirent en colère et elle partit.

Quarante ans plus tard, le Bouddha était mourant et on le transportait sur un brancard de bois vers sa dernière demeure. Il remarqua soudain, accroupie contre un mur, une silhouette vêtue de haillons. C'était une lépreuse, une vieille bossue dont le visage était à moitié rongé par la maladie. Bouddha demanda aux assistants qui le portaient de s'arrêter. Lentement, il descendit de la civière et marcha vers cette femme. Dans une étreinte pleine d'amour, il l'enveloppa de ses bras et lui rappela ses paroles, sa promesse de l'aimer *toujours*.

C'est ainsi qu'Amma nous aime : d'un amour universel, qui transcende toutes les barrières. Chacune de ses actions nous rappelle qu'elle sera toujours là pour nous aimer et nous protéger. Amma se met à notre niveau et fait semblant d'être comme nous afin d'élever notre conscience. C'est un jeu divin. Amma n'a pas aucun besoin de faire tous ces efforts pour nous : sortir chaque jour, quel que soit son état, s'offrir à nous de toutes les façons possibles. Si nous passons en revue tous les grands gurus de l'histoire, en trouverons nous un seul qui ait agi ainsi ? Je ne le crois pas.

L'amour d'Amma, cet amour maternel qu'elle éprouve pour nous, n'est jamais las de consacrer son énergie et son temps à nous guider, à nous divertir et à chanter pour nous de magnifiques bhajans. Si nous ne parvenons pas à assimiler ses enseignements grâce aux idées et aux paroles qu'elle transmet pendant les satsangs ou les conversations avec elle, nous avons encore la solution de chanter des bhajans ou d'observer ses actions.

Une année, à Calcutta, à la fin de la journée de darshan, Amma décida d'aller dans les rues ramasser les déchets et de participer ainsi à la campagne Amala Bharatam qui consiste à nettoyer l'Inde. L'emploi du temps d'Amma étant surchargé, il est rare qu'elle puisse sortir et participer elle-même à ses nombreuses œuvres, mais cette fois-ci le programme se termina juste après dix heures du soir, ce qui est tôt pour elle. Bien qu'elle fût restée assise pendant onze heures non-stop pour donner le darshan, en cette nuit de liberté, elle partit avec enthousiasme rejoindre l'équipe de bénévoles dévoués, prête à nettoyer les rues de Calcutta. A la fin d'une longue journée, c'est ainsi qu'elle voulait se reposer et se détendre : en ramassant les ordures sur la route.

Armés de gants et de masques, nous avancions sur la route faiblement éclairée. L'enthousiasme et la joie du service désintéressé faisaient battre les cœurs. Il s'y mêlait aussi un peu d'appréhension : qu'allions-nous découvrir en creusant dans cette épaisse couche de saleté, véritables sédiments accumulés depuis des années ?

Lorsque nous arrivâmes sur le lieu choisi pour commencer le nettoyage, Amma s'accroupit prestement pour ramasser les ordures, remplissant à la pelle des sacs qui étaient ensuite chargés sur un camion. Elle m'enjoignit de rester avec elle. Tous mes grands projets de plonger dans les ordures furent anéantis : je me rendis compte que je devais conserver au moins une main propre pour éviter que le sari d'Amma ne traîne dans la boue et la crasse, et pour l'aider à se relever. Ce qui me surprit, c'est que, chaque fois que j'essayais d'aider Amma à se relever, elle s'était déjà relevée, d'un trait, sans aucune aide ! J'étais absolument ébahie. Elle se relevait avec la vivacité d'une athlète. Je me disais qu'à force de rester assise en tailleur pendant des heures pour enseigner, chanter des bhajans et donner le darshan, du matin au soir, les muscles de ses jambes devaient être raides et douloureux. Mais tel ne semblait pas être le cas.

J'essayai alors de me concentrer davantage afin d'être plus agile et de l'atteindre à temps pour l'aider, mais malgré tous mes efforts, je n'étais pas assez rapide.

Il me fut ainsi démontré quelle puissance incroyable, quelle énergie l'amour authentique peut générer, si nous agissons avec dévouement et conscience. Amma nous montre constamment, en servant autrui et de bien d'autres façons, que si nous le voulons vraiment, nous pouvons nous aussi devenir une véritable centrale d'énergie. Amma dit : « Là où il y a de l'amour pur, tout se fait sans effort. » Elle en est l'exemple vivant. En observant Amma nous voyons que *toutes* ses actions expriment l'amour et la compassion. C'est ce qu'elle révèle quand elle reste assise jusqu'à plus de vingt-cinq heures d'affilée, sans se lever, pour donner le darshan. Quel que soit le lieu ou l'heure, quelle que soit la personne, elle la prend dans ses bras. Amma est la confidente de tous : histoires, plaintes, chagrins et problèmes, elle écoute tout. Peu lui importe qu'elle soit fatiguée ou malade. Elle trouve toujours du temps pour les autres, faisant passer leurs besoins avant les siens. Un maître parfait agit uniquement pour *notre* bien. Ils n'a aucun intérêt personnel. Le souhait d'Amma est de procurer aux autres un aperçu du bonheur et de la paix qui demeurent en nous. Sa vie entière est une offrande au monde.

Chapitre 9

Transformer les pierres en or

La vie nous apporte de nombreuses bénédictions, de précieux conseils et des enseignements, surtout si nous avons la chance de connaître Amma. Bien qu'elle répande sans cesse sa grâce sur nous, nous progressons souvent très lentement. Avec une patience incroyable, elle attend que nous changions. Les *mahatmas* (grandes âmes) s'incarnent en ce monde pour nous insuffler le désir d'évoluer. Leur vie est toujours un modèle parfait mais ils ne forcent personne à s'améliorer : c'est la responsabilité de chacun.

Lorsqu'un *mahatma* consacre un temple, il insuffle une force vivante à l'idole de pierre au moyen de sa résolution divine (*sankalpa*) et de son souffle. Lorsqu'Amma effectue la consécration (*pratishta*) elle transmet à une pierre inerte sa force vitale (*prana*). En de tels instants, chacun ressent les puissantes vibrations présentes dans l'atmosphère ; nous constatons la force extraordinaire de l'énergie d'Amma.

Il est triste de penser qu'une pierre inanimée s'imprègne plus facilement des bénédictions d'Amma que les êtres humains ; Amma nous offre cette même énergie lors de chaque darshan, mais que nous sommes lents à évoluer !

La vie ne sera pas aussi patiente avec nous. C'est la raison pour laquelle la souffrance apparaît dans notre vie : pour *nous forcer à grandir*. Il n'est pas toujours possible d'écarter la souffrance ; la solution consiste à assimiler les leçons qu'elle nous enseigne. Amma nous aide à découvrir la force intérieure, latente en nous, qui permet d'affronter toutes les situations. Elle disperse les ténèbres en répandant sur nous la lumière de l'amour et de la conscience.

Il y a quelques années, lors d'un programme à New York, une dévote est venue me raconter une histoire étonnante qui était arrivée à sa fille. Cette femme aimait beaucoup Amma, mais ce n'était pas le cas de ses deux enfants, qui trouvaient cet amour bizarre. S'ils étaient venus assister au programme, c'était uniquement pour faire plaisir à leur mère, un peu à contrecœur.

Malheureusement, dans la foule, la jeune fille s'est fait voler son porte-monnaie. Elle était très contrariée car il y avait beaucoup d'argent dedans. Elle soupçonnait que le coupable était un sans-abri qui s'était assis à côté d'elle, mais comment aurait-elle pu le prouver ?

Sachant qu'il n'y avait rien à faire, la mère lui a demandé d'essayer d'oublier sa mésaventure. Puis elles se sont séparées, chacune est partie de son côté. Une demi-heure plus tard, lorsque la fille a retrouvé sa mère, elle était toute excitée. Elle s'est exclamée : « Maman, tu ne croiras jamais ce qui vient de m'arriver ! » Elle lui a raconté que lorsqu'elle était montée à l'étage, le sans abri s'était approché d'elle. Il lui avait rendu le porte-monnaie, en s'excusant de l'avoir pris. Il lui a confié qu'il était assis en train de regarder Amma quand, tout à coup, celle-ci s'était tournée vers lui et lui avait dit qu'il avait commis une mauvaise action ; il devait rendre le porte-monnaie, s'excuser et ne plus jamais recommencer. Il avoua que cette expérience, il le sentait bien, avait transformé sa vie. Quant à la jeune fille, son opinion au sujet d'Amma changea également.

Amma nous enseigne comment construire une base solide faite de valeurs et de vertus. A partir de là, il s'agit de développer de bonnes habitudes et de vivre selon un système de valeurs qui régisse nos intentions, nos décisions et nos actes. Les bienfaits que nous retirons de la présence d'Amma dépendent entièrement de nous ; tout est fonction de notre attitude et de nos actions.

Une année, à Londres, il faisait extrêmement froid à l'Alexandra Palace où se déroulait le programme. Assise sur une chaise, une dévote tremblait de froid malgré le châle de laine bien chaud qui la couvrait. A côté d'elle, une jeune fille était encore moins vêtue et visiblement, elle était transie. Cette dévote a pensé : « Elle a plus froid que moi…je devrais lui prêter mon châle. » Mais elle aussi était frigorifiée. Finalement la compassion l'a emporté : elle a enlevé son châle et l'a mis autour des épaules de la jeune fille. Dès lors, elles ont toutes deux cessé de trembler. Elles ont eu chaud jusqu'à la fin de la nuit. La jeune fille essayait de rendre le châle toutes les vingt minutes car elle se sentait un peu coupable, elle imaginait que l'autre femme avait très froid mais en réalité, celle-ci ne sentait plus du tout le froid.

Le pouvoir de changer notre monde intérieur et extérieur est en nous. Lorsque nous décidons d'accomplir de bonnes actions, même si notre attitude n'est pas parfaite, nous créons ainsi la possibilité d'un changement intérieur, ce qui nous rend apte à recevoir la grâce.

Les gens viennent voir un *mahatma* en espérant toutes sortes de miracles pour eux même et pour le monde ; ils s'attendent à ce qu'ils soient des super-héros, qui changeront tout d'une formule magique. Et pourtant les *mahatmas* comme Amma *sont* vraiment des super héros ! Elle nous insuffle l'inspiration nécessaire pour marcher sur le chemin de la vérité et du *dharma* (action juste). Elle ne peut pas le faire à notre place, mais elle nous encourage toujours à suivre la bonne voie et quand nous nous égarons, elle nous donne des instructions. Amma nous offre une carte qui nous mènera jusqu'au but ultime de la Réalisation de Dieu.

Ses paroles et ses actions n'ont pas d'autre but que de nous inspirer le désir de faire de bonnes actions. Grâce à elles, nous accumulons du bon *karma*, qui annule une partie de notre mauvais *karma*, c'est-à-dire des souffrances que nous aurions dû traverser à la suite des erreurs commises dans le passé. En présence d'Amma, nous assimilons les valeurs traditionnelles, alors qu'il n'est pas facile de les acquérir dans le monde actuel. Si elle nous inspire le désir de faire le bien, c'est pour nous permettre de réaliser totalement notre potentiel d'être humain.

Chapitre 10

Seva – l'alchimie de l'Amour

En observant Amma donner le darshan, on pourrait penser qu'elle a besoin de nombreux assistants. En réalité, c'est pour que *nous* puissions apprendre qu'elle nous offre la chance de servir. Si elle nous permet de la seconder, c'est par pure bonté, pour que nous acquérions plus de vigilance. C'est un effet de sa grâce, car elle n'a absolument pas besoin d'aide. Elle est parfaitement capable de tout gérer seule.

Il arrive qu'Amma, quand elle veut nous enseigner une leçon importante, fasse grève et ne nous autorise plus à la servir. Elle interdit alors à quiconque d'entrer dans sa chambre, ferme la porte et décide de tout faire elle-même. Pendant quelques jours, elle cuisine ses propres repas, nettoie la chambre et lave ses vêtements.

Elle fait tout cela en un clin d'œil, avec une rapidité inégalable. Elle nous rappelle ainsi qu'elle n'a besoin de rien : c'est nous, au contraire, qui avons de précieuses leçons à apprendre.

Amma nous dit souvent : « Ce n'est pas ce que nous recevons, mais ce que nous donnons qui nous permet de goûter la vraie beauté de la vie. Si nous ne faisons que prendre, nous finissons par nous aliéner de notre vrai Soi.

J'ai lu l'histoire d'un homme dont l'épouse était décédée depuis huit ans. Il avait traversé de longues années de dépression et il était presque devenu suicidaire. La seule chose à laquelle il pouvait encore se raccrocher, c'était son travail de médecin dans sa petite clinique. Après avoir vu à la télévision les images de nombreuses catastrophes naturelles, il a décidé de se rendre dans certaines des régions touchées pour y offrir ses services. Son épouse n'était plus de ce monde, ses enfants étaient adultes, il était donc libre de s'engager dans des projets humanitaires. Il est allé rejoindre des communautés extrêmement pauvres qui n'avaient pas accès aux soins médicaux et a contribué à mettre en place vingt dispensaires qui accueillent aujourd'hui chaque mois 27 000 patients. Le docteur s'est rendu compte ensuite que sa dépression avait complètement disparu ; il a retrouvé le sentiment d'avoir une vie réussie et pleine de sens. Aujourd'hui, il vit sa nouvelle passion, le service, en voyageant dans le monde entier, offrant des soins médicaux là où ils sont le plus nécessaires.

Face à la souffrance qui règne aujourd'hui dans le monde, beaucoup d'entre nous sont saisis par l'accablement, la colère ou l'apathie. Ce médecin a compris qu'en aidant d'autres personnes il recevait en retour une bénédiction plus grande encore : une vie riche et satisfaisante.

Si nous sommes entièrement prisonniers du filet tissé par le mental, il est difficile d'accueillir les bénédictions que la vie répand en permanence sur nous. Perdus dans nos problèmes personnels, nous nous intéressons rarement à ceux des autres. Dans le monde entier, des millions de gens, coupés de leur famille et de leurs amis, souffrent de dépression ou d'autres problèmes psychologiques engendrés par la solitude. Pour échapper à la terrible douleur créée par notre mental, une seule solution s'offre à nous : servir les autres avec compassion et de manière désintéressée.

Un jour, pendant un tour, l'un des bénévoles est venu voir Amma et lui a avoué qu'il traversait une phase extrêmement difficile. Il expliqua à Amma qu'il était sous l'influence de Saturne et qu'en conséquence, il était déprimé et n'avait plus aucune envie de faire du seva.

Amma a ri. Elle a répliqué : « Saturne ! De quoi parles-tu ? Tu es en présence d'un *satguru*. Même dans le désert brûlant, à l'ombre d'un arbre on peut ressentir une certaine fraîcheur. Mon fils, essaie de continuer à faire du seva, même si tu n'en as pas envie ! »

Ne tenons pas le monde ou les autres pour responsables de nos souffrances. Il est impossible d'avoir toujours l'attitude juste, mais quand nous faisons l'effort d'accomplir une bonne action alors que nous n'en avons pas vraiment envie, parce que nous savons que c'est cela qui est correct, la grâce se répand sur nous. Nous pouvons simplement faire de notre mieux.

Voici une prière matinale qui devrait parler à chacun d'entre nous : « Mon Dieu, jusqu'à présent, je n'ai pas fait trop d'erreurs aujourd'hui. J'ai gardé le silence. Je n'ai pas fait de commérage, je n'ai pas crié et je ne me suis pas énervé. Je n'ai pas été cupide, grincheux, méchant, égoïste, et je n'ai pas fait d'excès. J'en suis heureux. Mais dans quelques minutes j'aurai certainement grand besoin de Ton d'aide…parce que je viens juste de me lever ! »

Efforçons-nous toujours de faire l'action juste, au moment adéquat, même lorsque nous n'en avons pas envie. C'est une des formules les plus efficaces pour réussir dans tous les domaines. Cette attitude nous permettra d'atteindre le but ultime : la Réalisation du Soi.

Amma nous dit d'être courageux et nous rappelle : « Vous n'êtes pas de petits agneaux, vous êtes des lionceaux, vous avez en vous un potentiel infini inexploité. » Il se trouve que j'ai récemment entendu Amma donner le conseil suivant : « Soyons comme le lion. Lorsqu'il traverse la forêt, il franchit une certaine distance, puis il se retourne pour regarder en arrière. » Tout en parlant, Amma tournait la tête. Elle ressemblait vraiment à une lionne, magnifique et puissante, qui regarde en arrière pour évaluer le chemin parcouru. Elle ajouta : « Même la tortue qui avance laborieusement laisse une empreinte partout où elle passe. Nous pouvons faire de même en créant derrière nous un sillage de bonnes actions. Voilà vers quoi devraient tendre nos efforts. »

Nous avons de la chance d'avoir si souvent l'occasion de servir. C'est vraiment une des pratiques spirituelles les plus douces. Le mental ne cesse de tourner en rond, il tente de nous tirer vers le bas, mais pendant le seva, nous pouvons utiliser notre énergie pour accomplir de bonnes actions. Ainsi, les mauvaises habitudes du mental changeront. Ne vous arrêtez pas pour vous demander si vous en avez ou non envie, parce que nos sentiments changent tout le temps. Nous sommes attachés à tant de mauvaises habitudes, alors pourquoi ne pas en créer une nouvelle, bénéfique celle-là ? Plutôt que de mener une existence médiocre, aspirons à cultiver l'altruisme. Inutile d'accomplir des actes spectaculaires ; en additionnant les petits actes de bonté et d'abnégation, nous pouvons obtenir un résultat fabuleux.

Chapitre 11

Une rivière d'Amour

Lorsqu'Amma remarque un besoin, elle est toujours prête à le combler. Cela illustre parfaitement l'expression « suivre le chemin du *dharma* et de la vertu, » c'est-à-dire essayer d'accomplir l'action juste au bon moment. Il s'agit de découvrir ce que nous pouvons faire pour aider le monde et d'utiliser nos talents pour servir avec amour et conscience. Peu importe ce que nous faisons, c'est l'attitude qui est essentielle.

Une femme vivait dans les montagnes, en Suisse, à environ deux heures de bus de Zurich. Son mari et elle avaient divorcé et il était parti, la laissant seule pour élever leur petit enfant. Elle avait beaucoup de mal à joindre les deux bouts car elle était plutôt pauvre et ne bénéficiait d'aucune aide sociale.

Cette femme était une fervente catholique et priait la Vierge Marie. Elle avait entendu parler des saints qui vivent en Inde mais n'aurait jamais pensé avoir la chance d'en rencontrer un. Un jour, en passant devant un restaurant, elle a vu une affiche annonçant la venue d'Amma à Zurich. Poussée par un fort désir de rencontrer Amma, elle a fait des économies pour payer le voyage. Elle a jeûné durant deux jours, ne nourrissant que son enfant, afin de mettre l'argent de côté.

Elle est descendue des montagnes, est arrivée au programme et a attendu pour recevoir le darshan. Comme elle ne parlait pas anglais, et encore moins la langue d'Amma, elle a compris qu'elle ne pourrait pas confier ses problèmes à Amma. Dans la file de darshan, en approchant d'Amma, elle s'est mise à pleurer doucement. A travers ses larmes, elle a remarqué qu'une femme, devant elle, donnait pendant son darshan des bracelets en or à Amma. Elle aurait bien aimé, elle aussi, avoir quelque chose de beau à offrir. Amma portait encore les bracelets quand elle est passée au darshan. Elle s'est effondrée sur les genoux d'Amma, en pleurant et en sanglotant, mais sans dire un mot. Amma l'a regardée avec compassion, a enlevé les bracelets en or et les lui a tendus. Puis elle a invité cette femme désemparée à s'asseoir juste à côté d'elle. Amma s'est tournée vers elle et lui a dit : « Ne les vends surtout pas. Mets-les en gage pour avoir de l'argent et prendre soin de ton enfant. Ne t'inquiète pas, les choses vont s'améliorer. »

À la fois choquée et stupéfaite, cette femme est retournée dans les montagnes, elle a mis les bracelets en gage et peu après, grâce à la bénédiction d'Amma, elle a trouvé un emploi. L'année suivante, la femme a pu récupérer les bracelets car elle maîtrisait désormais sa vie et ses finances. Quand Amma est revenue en Suisse, l'année suivante, elle a refait le voyage jusqu'à Zurich. Pendant son darshan, avec une grande joie, elle a joyeusement remis ces mêmes bracelets en or au poignet d'Amma. Pour elle, Amma n'est pas seulement une sainte, elle est vraiment divine.

Amma est toujours prête à servir. Soyons nous aussi toujours prêts à agir, à apporter notre aide avec un cœur plein d'amour.

Une nuit, à Amritapuri, Amma est descendue de l'estrade après plus de quinze heures de darshan et a emprunté l'étroit chemin qui mène à sa chambre. En passant à côté du réfectoire,

Amma a vu, à travers un espace dans la haie que formaient les dévots, que l'évier du réfectoire était vraiment très sale. Il était encrassé et bouché par de la nourriture. Il fallait le nettoyer, mais personne ne l'avait fait. Elle s'est arrêtée, s'est frayé un chemin à travers les dévots et s'est mise à le récurer.

Bien qu'Amma fût probablement épuisée, elle était prête à montrer l'exemple. Jamais elle ne s'arrête, elle est toujours de service, prête à nous instruire par ses actes, quelle que soit la situation. Quand elle a commencé à nettoyer l'évier, tout le monde s'est précipité pour l'aider mais elle a dit : « Ne restez pas là à me regarder. Allez nettoyer les autres éviers ! Tout le monde veut faire la *padapuja* (rituel d'adoration des pieds du *guru*) mais c'est cela la *vraie* padapuja, la véritable adoration du *guru*. »

Tout le monde n'a peut-être pas la chance de laver les pieds du *guru*, mais chacun peut servir son corps en faisant du seva dans ses ashrams ou pendant les programmes. Servir en gardant le souvenir d'Amma peut devenir un acte tout aussi sacré que de laver ses pieds de lotus.

Face à la souffrance du monde, Amma donne tout ce qu'elle peut, chaque jour, quel que soit son état de santé, dépassant les limites du corps. Le cœur ouvert et pleine d'enthousiasme, elle va de l'avant, donnant toujours le maximum, quels que soient les obstacles qu'elle rencontre. Elle inspire tous ceux qui l'entourent à faire de même.

En 1983, lorsque l'ashram d'Amritapuri a été déclaré association caritative, Amma a dit : « Ne faites pas de moi un perroquet en cage. Ne transformez pas cette organisation en une entreprise commerciale. Elle devrait être au service des gens, de l'humanité souffrante. » D'année en année et jusqu'à ce jour, Amma a maintenu cet idéal sans jamais faire aucune concession. Elle constate simplement les besoins des personnes et y répond.

L'organisation d'Amma, Embracing the World, a construit plus de cinquante écoles en Inde et à l'étranger, et une université qui comprend cinq campus. Elle s'occupe d'orphelinats aussi bien en Inde qu'à l'étranger. Amma a lancé un projet pour enrayer le suicide des fermiers qui sévit dans de nombreuses régions de l'Inde. Elle verse 59 000 pensions à des veuves et personnes âgées et plus de 41 000 bourses à des étudiants pauvres. Elle possède des douzaines d'hôpitaux et des dispensaires gratuits soignent les pauvres.

Embracing the World est souvent la première organisation à intervenir lorsqu'il se produit une catastrophe dans le monde.

En 2004, après le tsunami qui a frappé l'Inde et l'Asie du sud, l'ashram d'Amma est devenu un refuge. Il a distribué de la nourriture à ceux qui avaient perdu leur maison et a pris soin d'eux.

Embracing the World était sur le terrain en 2005 lors de l'ouragan Katrina ; Amma a donné un million de dollars aux fonds de secours. Amma a aussi envoyé une équipe de secours d'urgence au Japon pendant le tremblement de terre /tsunami en 2011, fournissant ainsi nourriture et soins médicaux dans des lieux où personne n'osait aller.

Elle a construit plus de 45 000 maisons pour les sans-abris et prévoit d'en construire encore plus de cent mille. C'est donc presque un million de sans-abris qui bénéficient désormais d'un logement. Elle a encouragé les gens à planter des milliers d'arbres et a nourri des millions de personnes dans le monde…et bien d'autres choses encore.

L'altruisme d'Amma est une source d'inspiration immense pour ses enfants. Ses œuvres caritatives fonctionnent grâce aux milliers de bénévoles qui s'activent partout dans le monde. Même les plus pauvres, lorsqu'ils passent au darshan en Inde, essaient souvent de mettre une pièce d'une roupie dans la main d'Amma. Ils ne peuvent pas donner plus, mais ils veulent aussi contribuer car ils savent qu'elle utilisera chaque roupie pour aider les autres. Amma dit qu'ils sont pareils à de petits oiseaux qui déposent leur offrande et que, si l'on rassemble tout, cela forme une puissante rivière.

L'altruisme d'Amma est vraiment divin. Elle étreint des foules qui atteignent parfois jusqu'à dix mille personnes et reste assise jusqu'à ce que la toute dernière soit passée dans ses bras. Dans de tels moments, elle oublie totalement ses propres besoins.

Inutile d'accomplir des actes surhumains, Amma seule en est capable. Essayons simplement, quand l'occasion se présente, de faire ce qui est bon et utile. C'est ainsi que nous sortirons de la souffrance pour atteindre l'essence de l'Amour pur. Le monde ne manque pas de gens avides, qui ne songent qu'à prendre. Par son exemple parfait, Amma s'efforce de nous enseigner comment donner sans cesse.

Chapitre 12

Celle qui apporte la pluie

Il est facile d'annoncer ses bonnes intentions, mais nous savons tous à quel point il est difficile de les mettre en pratique. Ce qui compte, ce n'est pas l'action elle-même, mais l'attitude et l'intention qui la motivent. Tant que nous aurons une attitude positive, Amma nous aidera à surmonter nos tendances négatives, c'est certain.

Amma nous montre que lorsque nous avons une attitude positive, le monde devient un endroit merveilleux. Où qu'elle soit, Amma voit au-delà du monde extérieur créé par nos egos et la création, si enchanteresse, fait ses délices.

Une année, au printemps, Amma est allée au Kenya pour inaugurer son nouvel orphelinat. Au moment où la voiture quittait l'aéroport, j'ai baissé ma vitre afin qu'Amma puisse faire signe de la main aux personnes qui étaient venues l'accueillir. Malheureusement, la vitre s'est coincée et je n'ai pas pu la remonter. Je tenais nos passeports et j'étais nerveuse. Je savais que nous allions traverser des endroits dangereux ; par la fenêtre ouverte, on pouvait nous voler ou même nous attaquer. Pendant que je me débattais avec le bouton de contrôle de la fenêtre, Amma a regardé la fenêtre baissée et m'a dit : « Gros problème ! » Lorsque le chauffeur s'est excusé pour cette panne, Amma l'a aussitôt rassuré en lui disant que c'était bien ainsi : « J'*adore* sentir le vent, » lui a-t-elle dit.

J'ai ri sous cape en voyant Amma changer d'avis aussi vite et avec quelle facilité elle s'adapte à n'importe quelle situation. Voilà exactement ce que devrait être notre comportement : quand il est impossible de modifier la situation, soyons prêts à nous y adapter intérieurement.

Un soir en Inde, Amma se dirigeait vers la scène pour les bhajans, accompagnée d'une petite fille d'environ trois ans qui courait à ses côtés. Amma l'a appelée « *kuruvi* ». J'ai d'abord pensé que c'était son prénom. Le lendemain, alors que nous montions la rampe pour aller aux bhajans, Amma s'est adressée à deux autres enfants en les appelant « *kuruvi, kuruvi* ».

J'ai pensé : « Attends une minute, ces enfants ne peuvent pas *tous* s'appeler Kuruvi. » J'ai découvert que *kuruvi* signifie petit oiseau, moineau. Amma nous voit tous comme de petits oiseaux, qui volettent joyeusement autour d'elle.

Nous créons notre propre réalité. Comment ? A partir de notre état d'esprit et de notre vision du monde. Pour Amma, qui voit le meilleur en tout et essaie de nous transmettre cette perspective, nous sommes tous ses petits *kuruvis*, ses petits moineaux. Elle nous nourrit d'amour pur et de sagesse divine.

Partout dans le monde, il arrive souvent qu'à la fin du programme, les gens s'exclament : « C'était vraiment le plus beau programme ! » C'est là un phénomène remarquable. On pourrait se demander : « Comment chaque programme peut-il être le plus beau ? » Mais Amma possède l'étonnante capacité de toujours faire ressortir le meilleur de toute chose.

Chaque année, lorsque nous arrivons dans l'état du Nouveau Mexique, Amma fait habituellement venir la pluie, si nécessaire. C'est ainsi qu'elle a acquis la réputation d'être « Celle qui apporte la pluie ». Et là où il fait froid, elle apporte le soleil. Elle inspire tant de bonté et répand des bénédictions partout où elle va.

Récemment, alors que nous étions à San Ramon, il a fait une chaleur exceptionnelle et nous avons eu une longue coupure de courant. J'imaginais que les gens trouveraient cela vraiment difficile à vivre. A l'ashram, en Inde, s'il y a une coupure électrique, le courant revient dans les dix secondes qui suivent. Mais à San Ramon, la coupure a duré plusieurs heures. Malgré cela, le programme a continué. L'installation du public s'est déroulée de manière chaotique. Pendant les bhajans, alors que le reste de la salle était plongé dans l'obscurité, la scène était éclairée par une seule lumière, grâce à un petit générateur. La forme d'Amma était doucement soulignée par une faible lueur sur la scène. Certaines batteries de téléphones portables étaient déchargées, leurs propriétaires ne pouvaient donc pas les regarder et n'avaient pas d'autre choix que de se concentrer sur la lumière divine et la dévotion qu'Amma répandait sur tous. L'obscurité obligeait le mental à se taire et à se concentrer sur les bhajans, si bien que les dévots ont éprouvé encore plus de béatitude que d'ordinaire. Avec gratitude, ils ont tous déclaré une fois de plus : « C'était vraiment le plus beau de tous les programmes ! »

Nous n'avons aucun contrôle sur ce que nous apporte la vie.

Toutefois, si notre attitude est faite d'acceptation, cela peut nous aider à invoquer la lumière de la grâce. Ainsi, nous percevrons les bénédictions que nous apporte la vie, où que nous soyons, quelle que soit la situation.

Un soir, en Australie, un homme est arrivé au programme avec des lunettes de soleil. Il faisait nuit et j'ai pensé que ces lunettes lui donnaient une allure un peu trop décontractée. Mais ensuite, je l'ai entendu raconter à quelqu'un qu'il avait été aveugle pendant quinze ans et venait juste de se faire opérer la veille. Il voyait de nouveau.

Selon lui, s'il avait recouvré la vue, c'était par la grâce d'Amma. Il a déclaré que ce *monde était vraiment magnifique* et qu'il était déterminé à apprécier la beauté de la création toute entière.

Amma nous rappelle que c'est notre attitude qui fait toute la différence. Dieu n'est partial envers personne, dit-elle, mais que lorsque toutes nos actions s'accompagnent d'une attitude positive, cela se manifeste dans notre vie sous la forme de la grâce de Dieu.

Amma peut nous épargner certaines souffrances, mais pour accéder à l'état ultime, à la libération, il faut que notre esprit et notre cœur soient parfaitement purs. Comprenons que ce qui nous arrive n'est pas une punition, mais une étape vers la libération. Le Divin, dans sa sagesse et sa compassion infinies, essaie juste de nous orienter dans la bonne direction afin que nous puissions un jour faire l'expérience consciente de la Vérité dans sa plénitude, au lieu de souffrir toute notre vie dans les ténèbres de l'inconscience. Certains pensent que Dieu est cruel d'avoir créé un monde rempli de souffrances, mais d'autres acceptent leur destin, et s'efforcent de voir la beauté de la vie.

C'est uniquement en cultivant une vision positive de la vie qu'il est possible d'échapper au cycle du *karma*. Les choses nous apparaissent alors sous un jour différent. Si nous tirons les leçons de nos difficultés et de nos erreurs, le Divin nous permettra de passer à la leçon suivante. Le Livre de la vie est inépuisable et nous n'avons jamais fini d'apprendre !

Amma insiste : « Il faut affronter toutes les situations. » Si nous tentons d'y échapper, elles se présenteront à nouveau. Tirons le meilleur parti possible des circonstances qui se présentent, tout en gardant le sourire. Faisons-le avec amour, sinon cela revient à couper une mauvaise herbe : la racine reste dans le sol et elle repousse. Si nous acceptons avec courage ce que la vie nous offre, nous pouvons détruire les racines de nos habitudes et tendances négatives les plus profondes, celles qui refont régulièrement surface. Si nous adoptons une attitude positive, notre vie sera certainement bénie.

Chapitre 13

L'herbe et le lait

Amma voit le bien en tout. Quelle que soit la situation, Amma est toujours humble et nous montre un exemple parfait d'abandon de soi et d'acceptation. « Nous n'accordons pas grande importance à l'herbe, dit-elle, et pourtant, quand la vache la mange, elle se transforme en lait et nous nourrit ; *tout* est important. » Amma regarde tout avec amour ; elle voit le Divin en tout.

J'ai un jour emmené Amma dans un des salons de l'aéroport de Francfort, en Allemagne, pour y attendre notre prochain vol. Nous avions en effet plusieurs heures d'escale. Malheureusement, la plupart des chaises étaient déjà occupées et les hommes installés à côté des seuls sièges vacants consommaient de la bière. Je me suis dit qu'à la différence des amateurs de bière australiens, ils n'avaient pas l'air trop tapageurs.

J'espérais qu'ils partiraient après avoir pris un verre, mais j'avais complètement sous-estimé l'endurance des buveurs de bière allemands. Ils sont restés tout le temps de l'escale.

J'étais désolée d'avoir offert à Amma une chaise à côté de ces hommes qui parlaient bruyamment, à la façon des buveurs, mais Amma était tranquillement assise et n'en paraissait pas affectée. Elle se sent partout chez elle. Sans prêter aucune attention à ces hommes, Amma contemplait la neige par la fenêtre. Elle m'a confié que la neige lui rappelait l'écume qui festonne les vagues de l'océan. Elle m'a raconté que dans son enfance, elle aimait regarder l'océan et que pendant plusieurs mois de l'année, l'écume des vagues avait l'apparence de cette neige. Perdue dans sa contemplation et dans le souvenir de l'océan, elle était heureuse. Où qu'elle soit, Amma ne voit que le bien en tout. Jamais elle n'oublie le fondement de son être : l'Amour.

Un couple venait d'emménager. Le matin du premier jour, pendant le petit déjeuner, la jeune femme, qui observait la voisine en train d'étendre son linge dehors, déclara : « Ce linge n'est pas très propre. Elle ne sait pas laver correctement ; peut-être qu'il lui faut une lessive plus efficace ! » Son mari regarda, mais il garda le silence. Chaque fois que cette voisine accrochait son linge, la jeune femme faisait le même genre de commentaire.

Environ un mois plus tard, la jeune femme, surprise de voir des vêtements propres sur la corde, s'exclama : « George, *regarde* ! Elle a *enfin* appris à laver son linge correctement. Ouaouh ! Il était temps ! Je me demande qui lui a appris ! » Le mari répondit calmement : « Chérie, je me suis levé tôt ce matin et j'ai nettoyé les vitres. » Nous tenons souvent les autres pour responsables de nos erreurs, alors que les problèmes viennent de notre vision limitée.

J'ai lu un jour dans un journal une histoire vraie, qui s'est déroulée en Allemagne. Un homme âgé, excédé d'entendre jouer sans cesse la même mélodie, décida d'appeler la police pour se plaindre. Il pensait que les voisins jouaient de la musique à toute heure du jour et de la nuit, dans le seul but de le déranger. Il était très en colère. Après enquête, la police découvrit que le véritable coupable était une carte de vœux musicale accrochée au rebord de sa fenêtre.

Chaque fois que le vent ouvrait la carte, elle jouait la mélodie. Les choses ne sont jamais ce que nous croyons. Nous rendons souvent notre environnement responsable de nos problèmes mais en fait, c'est notre attitude intérieure qui détermine notre réalité. Le monde dans lequel nous vivons est notre propre création et il est difficile d'en sortir. Chacun de nous perçoit le monde à sa façon. C'est pourquoi nous avons besoin de l'aide d'un Maître parfait. Sa grâce est *absolument indispensable* pour nous guider hors de l'image déformée que nous avons créée, et nous permettre d'accepter la création de Dieu.

En présence d'Amma, il est beaucoup plus facile de voir le bien partout. Nous étions un jour dans la voiture, en route pour l'ashram, heureux à l'idée de rentrer après une absence de plusieurs mois, lorsqu'Amma a dit : « Nous avons vraiment tout ici ! » Alors chacun a apporté de l'eau au moulin, énumérant une des merveilles d'Amritapuri. Amma a ajouté : « Chaque jour est une fête. » Swamiji a renchéri : « Oui, nous avons des *pujas* tout le temps. » Le chauffeur y est allé de son grain de sel : « Oui, nous avons à l'ashram des cours excellents sur les Ecritures. »

Puis ce fut mon tour : « Nous avons aussi des pizzas et des glaces ! » Amma a repris : « Et nos glaces n'ont pas d'air à l'intérieur. A l'extérieur de l'ashram les glaces sont fouettées, il y a donc moitié moins de glace, l'autre moitié étant constituée d'air. » Amma a expliqué avec enthousiasme que la seule glace vraiment pure est faite à l'ashram, car elle est réalisée de façon totalement artisanale, avec de la dévotion et des mantras. « Oui, il y a aussi une piscine et le darshan d'Amma ! » Nous débordions de joie car nous avions le sentiment de rentrer au paradis. Quelle chance exceptionnelle ! Amritapuri est réellement le paradis sur terre.

La vision d'Amma inspire la nôtre. Lorsque notre conscience s'épanouit, nous répandons partout l'amour autour de nous, comme le fait Amma. Actuellement, nous ne percevons que la surface des choses ; nous voyons uniquement ce que nous voulons voir et nos jugements se fondent sur cette vision limitée. Tant que nous sommes pris au piège du mental, il nous est difficile de nous rappeler notre essence réelle, qui est l'Amour. Amma, elle, pénètre sous les apparences et perçoit la vérité, la beauté et l'amour qui demeurent en toute chose. Qui sait ? Nos efforts et sa grâce nous permettront peut-être un jour de regarder le monde avec des yeux aussi purs.

Chapitre 14

S'incliner devant la création entière

Nous recherchons tous la paix et la joie. C'est le motif réel de toutes nos actions. Si nous voulons que la paix règne dans le monde extérieur, créons-la d'abord en nous. Apaiser le mental, qui ne cesse de nous tourmenter en doutant, et nous insuffler l'optimisme nécessaire pour recevoir la grâce, tel est le but de toutes les actions d'Amma. Amma sait à quel point nous avons peu foi en nous-mêmes. Grâce à ses conseils et avec sa bénédiction, nous apprendrons à ferler les voiles et à traverser toutes les tempêtes.

Voici l'histoire d'une femme qui désirait à tout prix participer à la tournée du mois de novembre pour faire du bénévolat et vivre de beaux moments avec Amma. Une fois qu'elle eut tout organisé, elle tomba très malade. Elle pria énormément, espérant qu'Amma la guérirait à temps pour qu'elle puisse prendre l'avion, mais tel ne fut pas le cas.

Elle ne comprit pas pourquoi cela lui arrivait mais comme elle faisait confiance à Amma, malgré sa déception, elle s'efforça d'accepter la situation. C'est alors qu'elle reçut un email lui annonçant qu'un de ses élèves avait été assassiné et que les funérailles auraient lieu le lendemain.

A l'enterrement, elle retrouva plusieurs de ses anciens élèves dont les parents n'étaient pas venus. Elle pleura avec eux et les consola. En serrant ces adolescents dans ses bras, elle sentait qu'à travers elle, c'était Amma qui les réconfortait. Elle comprit que si elle avait dû annuler son vol, c'était par la grâce d'Amma, afin d'accompagner ces jeunes dans leur détresse. Son cœur était avec Amma mais ses mains étaient occupées à servir, exactement comme Amma le voulait. Les voies d'Amma sont mystérieuses. Nous avons parfois une idée bien arrêtée du service que nous désirons accomplir mais il arrive que Dieu ait d'autres plans pour nous. Dieu nous met toujours au bon endroit. Rien n'arrive par erreur. Comment accepter de bon cœur le plan de Dieu ? Tel est le défi qu'il faut relever. « Que Ta volonté soit faite » signifie littéralement accepter tout ce qui arrive en comprenant que cela fait partie du plan divin. Quelle que soit la situation, elle nous enseigne une leçon, alors essayons de l'accepter.

La vie ne se déroule jamais comme nous l'avons imaginé et encore moins la vie spirituelle ! Nous rencontrerons peut-être de nombreuses difficultés, mais Amma nous rappelle que l'acier le plus résistant et le meilleur se fabrique dans les hauts fourneaux, à des températures extrêmes. Chacun sait toutefois à quel point il est difficile de s'abandonner à Dieu.

J'ai régulièrement l'occasion de m'y exercer lorsque je fais du babysitting derrière Amma, pendant les programmes publics. Il m'est arrivé de penser que nous devrions faire payer ce service, parce que c'est le meilleur service de babysitting au monde ! Comme je l'ai souvent dit, c'est le seul endroit au monde où des enfants rampent partout sur la scène, rient, parlent, pleurent ou se disputent pendant que quelqu'un prononce un discours ou que des musiciens professionnels jouent. Il m'est même arrivé de tirer les oreilles de certains enfants particulièrement turbulents pour qu'ils se tiennent tranquilles ! Un soir, pendant que je m'occupais des enfants, j'ai eu un éclair de compréhension. J'ai compris pourquoi Amma me donnait cette opportunité : En réalité, ce n'est pas moi qui leur fais une faveur, c'est l'inverse : ils contribuent à éveiller en moi le sentiment maternel universel. Amma s'efforce de l'éveiller en moi comme en chacun de nous ; il n'est pas l'apanage des femmes qui ont eu des enfants. C'est donc un cadeau qu'elle m'offre pour progresser vers l'éveil.

Amma s'occupe de chacun individuellement. Elle est le catalyseur qui attire tout ce dont nous avons besoin ; cela se produit spontanément lorsque nous entrons en contact avec un *mahatma*. Si nous nous abandonnons à elle, elle nous guidera jusqu'à la perfection. Tout ce qui nous arrive est une bénédiction. Si nous sommes assez humbles pour accueillir toutes les expériences comme des cadeaux, le voyage de la vie sera merveilleux. Si nous avons le regard innocent d'un enfant, si nous acceptons ce que la vie nous apporte et en tirons les leçons, notre voyage sera fantastique.

Un jour, alors que nous montions dans l'avion et que je tendais ma carte d'embarquement au steward, il m'a joyeusement demandé : « Maintenant dites-moi, quelle est votre couleur favorite? » Je dois admettre que j'ai été un peu agacée par une question aussi stupide, mais il semblait très enthousiaste et il *tenait* ma carte d'embarquement. Pendant une seconde j'ai réfléchi à la réponse ; une réplique sarcastique m'est presque montée aux lèvres…puis j'ai décidé d'accepter et de lui faire plaisir, j'ai donc répondu : « Orange ! » « Oui !!! » a-t-il dit, « C'est la bonne réponse ! » Il était très heureux que j'aie répondu correctement, alors il m'a laissé continuer mon chemin. En réalité j'ai menti…j'ai dit ce qu'il voulait entendre juste pour lui faire plaisir. *Vous pensez vraiment que l'orange est ma couleur favorite ?*

Accepter, c'est le secret du bonheur ; cette attitude nous permet en outre de répandre le bonheur autour de nous. C'est une condition nécessaire pour devenir un canal du Divin. Lorsque nous nous prosternons, dit Amma, nous ne nous inclinons pas uniquement devant d'autres personnes, mais devant la création toute entière.

Les difficultés auxquelles nous sommes confrontés n'ont pas pour but de nous anéantir mais de révéler le potentiel inexploité qui demeure en nous. Si nous considérons les épreuves qui nous sont envoyées comme des tests qui nous permettent de grandir, de nous purifier et d'acquérir de la force intérieure, nous apprenons beaucoup plus vite. Quels que soient les problèmes auxquels nous sommes confrontés, efforçons-nous de conserver notre équanimité. Imitons la fleur de lotus qui pousse dans la vase et la boue et y puise sa force. La vie enfile d'innombrables déguisements pour nous nous enseigner de précieuses leçons. Lorsque nous apprenons à les accepter, la beauté secrète immanente à toutes les circonstances de la vie nous est révélée.

Chapitre 15

L'abandon total de Soi-même

Les *mahatmas* ont certes *le pouvoir* de changer notre destinée, nous dit Amma, mais s'ils le font, nous n'apprendrons peut-être pas les leçons dont nous avons besoin. Ils sont totalement abandonnés à la volonté de Dieu. Selon leur vision, le monde est parfait et notre destinée se déroule comme elle le doit. Amma ne va donc généralement pas à l'encontre de la volonté de Dieu car les souffrances que nous endurons ont leur fonction. En définitive, toutes les expériences contribuent à notre croissance spirituelle.

Si Amma écartait tous les obstacles, nous tournerions peut-être en rond et répèterions sans cesse les mêmes erreurs. Essayons d'absorber l'essence des leçons qui se présentent à nous, au travers des expériences difficiles de la vie. C'est la Volonté divine qui crée ces expériences spécialement pour nous, sur mesure.

J'ai lu dans un magazine l'histoire incroyable d'une scientifique qui étudiait la neurologie et dont la vie a été totalement transformée par un accident vasculaire cérébral. Un jour, elle a eu une hémorragie dans l'hémisphère gauche du cerveau mais, malgré sa souffrance, elle est restée consciente de ce qui lui arrivait.

Son champ d'études étant le fonctionnement du cerveau, elle a été capable de se détacher de l'expérience et d'en être témoin, tout en la subissant. Elle observait son corps en train de manifester tous les symptômes : terribles douleurs, maux de tête, perte de sensation dans le bras. Grâce à sa formation et à sa conscience, elle a pu suivre en même temps le fonctionnement de son cerveau. Elle est passée de l'hémisphère gauche à l'hémisphère droit et elle est sortie de son corps physique, abandonnant totalement son état de conscience ordinaire. Grâce à cette expérience, elle a vu les merveilles de l'univers, telles qu'elles nous sont révélées lorsque nous réussissons à échapper à la prison du corps-mental.

Nous avons tendance à construire une barrière et à penser : « Ceci est moi » et tout le reste « n'est *pas* moi ». Pendant son expérience, cette femme a pu transcender cette vision limitée pour se fondre dans le Tout. Quelle aventure extraordinaire ! Elle percevait la beauté de chaque atome de l'univers et ce qui le constitue. Sa conscience faisait des allers-retours réguliers entre le corps physique, où elle ressentait les symptômes de l'AVC, et l'extérieur du corps. Cet AVC fut pour elle un évènement bénéfique, qui révolutionna sa vie. Pendant un moment, il lui fut donné de transcender son petit « moi », avec tous ses problèmes, pour connaître l'exquise beauté du grand Soi et se fondre dans l'univers. Il est presque incroyable qu'elle ait pu faire cette expérience pendant un AVC. Cela a complètement transformé sa vie. Elle a pris conscience du potentiel latent en chacun d'entre de nous. C'était une scientifique qui n'avait aucune démarche spirituelle, mais peu importe que l'on se dise spirituel ou non. Nous progressons tous vers la compréhension du but de la vie. Nous avons passé la plus grande partie de notre vie sans conscience réelle et nous avons pris l'habitude de vivre ainsi.

La majorité des gens vivent dans les ténèbres de l'ignorance : ils ne soupçonnent pas le véritable but de la vie humaine. Si la fleur en bouton de notre cœur s'épanouit, nous dit Amma, nous atteindrons l'apogée de la vie humaine.

Il n'y a rien de mal à demander de l'aide à Amma, à prier pour que nos désirs soient exaucés, nos besoins satisfaits ou une situation injuste dénouée. Nous sommes libres de prier, mais en définitive, il nous faudra bien apprendre le détachement. Tant que nous sommes attachés aux images que nous construisons dans notre mental, nous ne pouvons pas percevoir le monde tel qu'il est réellement.

Amma a tant de compassion pour ceux qui souffrent qu'elle s'efforce de leur apporter le maximum de réconfort, par ses pensées, ses paroles et ses actes. Elle souhaite ainsi leur donner la force de supporter leur destin, mais elle n'élimine pas *toute* la souffrance.

Voici l'histoire qu'une dévote suisse m'a racontée. « Il y a environ dix ans, j'ai eu une tumeur importante dans le dos. Comme elle grossissait, j'ai demandé l'avis d'Amma, qui m'a recommandé de consulter un médecin. Le docteur a déclaré qu'il fallait opérer, car il se pouvait que la tumeur soit cancéreuse. Je n'avais pas vraiment peur. Je ne croyais pas réellement avoir le cancer et je savais qu'Amma me protégeait. Je lui faisais confiance, convaincue que tout ce qui arriverait serait pour mon bien.

J'ai pris rendez-vous après la visite d'Amma en Europe afin d'obtenir sa bénédiction pour l'opération. En Suisse, je lui ai tout expliqué et elle a été très douce et affectueuse avec moi. Elle a caressé ma tumeur et demandé à mon mari comment nous allions nous organiser pour la garde de nos deux enfants. Elle est la meilleure Mère du monde et la meilleure amie que j'aie jamais eue.

Lorsque je suis allée au darshan à Munich, quelques jours avant l'opération, Amma m'a regardée profondément dans les yeux. Elle m'a demandé mon numéro de téléphone et si j'étais d'accord pour qu'elle m'appelle après l'opération pour savoir comment elle s'était déroulée. J'étais bouleversée par sa compassion et par l'intérêt qu'elle me manifestait. Les larmes roulaient le long de mes joues.

Après l'opération, le docteur a appelé mon mari et lui a annoncé que l'opération s'était bien passée mais qu'il y avait de fortes probabilités pour que la tumeur soit maligne car elle avait déjà infiltré les muscles environnants. J'ai été choquée en apprenant que c'était peut-être un cancer. Dans ma tête, j'ai argumenté avec Amma, en lui demandant : « Pourquoi dois-je vivre cela ? Que va-t-il arriver à mes enfants si je meurs ? Pourquoi m'as-tu abandonnée ? » J'ai senti la présence d'Amma entrer dans ma chambre d'hôpital et s'asseoir sur le lit à côté de moi. J'étais inondée de son amour et de sa paix. J'ai finalement accepté la possibilité que ce soit un cancer et je me suis souvenue que tout était uniquement pour mon bien.

Une semaine après, j'ai reçu les résultats du test. Lorsque le médecin est entré dans ma chambre, il semblait désorienté. Il m'a dit que la conclusion de l'analyse était très surprenante. La tumeur était bénigne, mais il n'y croyait pas. Il voulait recommencer l'examen et me communiquer les résultats. Je me suis contentée de sourire ; je sentais la présence d'Amma à mes côtés. Le résultat du second test est arrivé : il était négatif. Je pouvais rentrer chez moi et rejoindre ma famille.

Lorsque j'ai remercié Amma de m'avoir sauvé la vie, Elle a répondu humblement: « C'est la grâce de Dieu si la tumeur a changé. »

Soyons forts, afin de pouvoir affronter toutes les situations qui se présentent. Comprenons que les difficultés sont toujours des bénédictions déguisées qui nous permettent de grandir. Si nous nous en souvenons, notre voyage sera plus facile. Mais d'ordinaire, nous rejetons tout ce qui nous arrive en déclarant que c'est la faute d'autrui ou que c'est injuste ! Si nous résistons, nous souffrirons en permanence. Dieu ne nous envoie pas la souffrance pour nous punir mais pour nous ouvrir le cœur, pour que nous comprenions qui nous sommes. Si nous apprenons à accepter – alors peut être serons-nous capables un jour d'incarner le parfait abandon de soi, celui qui nous attire tant chez Amma. Elle accepte le courant de la vie avec toutes ses surprises. C'est cette acceptation qui permet à la grâce divine de se répandre.

Chapitre 16

Le flot de la grâce

La grâce nous soutiendra toujours dans les moments cruciaux. Elle met de la douceur dans notre vie et nous aide à surmonter *toutes* les difficultés. C'est l'optimisme qui permet à la grâce de s'écouler.

Un *mahatma* vivant est une rivière de grâce extraordinaire, dont le flot peut transformer notre vie. La grâce d'Amma se répand constamment sur chacun de nous. Ce n'est pas qu'elle en aime certains plus que d'autres : certains ouvrent leur cœur pour recevoir la grâce tandis que d'autres déploient un parapluie qui fait écran. Comprenez qu'Amma est bien au-delà des lois cosmiques du temps et de l'espace. Où que vous soyez, sa grâce peut arriver jusqu'à vous. Si nous menons une vie de dévotion, la grâce de Dieu nous trouvera toujours. Amma nous assure que toutes les prières qui montent du fond du cœur lui parviennent. Nous avons une liaison directe avec elle. La ligne téléphonique n'est jamais occupée si nous envoyons directement ces prières – et ce système de communication cosmique est entièrement gratuit.

Voici une histoire qui illustre magnifiquement l'action de la grâce: Une jeune fille qui sortait de l'école a demandé à Amma quelle profession choisir. Amma lui a conseillé d'étudier la médecine et l'a invitée à faire ses études à la faculté de médecine d'AIMS, en Inde. La jeune fille fut extrêmement surprise car ses résultats scolaires n'étaient pas particulièrement bons et elle avait un handicap important : elle souffrait d'une maladie oculaire qui rendait toute lecture extrêmement difficile. Elle savait que les études de médecine exigent de lire et d'assimiler énormément de connaissances et n'aurait jamais imaginé en être capable.

Malgré cela, Amma insista pour qu'elle essaie. Alors, pleine de foi, elle accepta et s'inscrivit au collège médical d'AIMS. Ceux d'entre nous qui connaissaient cette jeune fille doutaient qu'elle puisse réussir des études aussi longues et complexes. Mais d'année en année, elle a continué son chemin. Ils étaient trente dans sa promotion et à l'examen final, l'étudiante qui avait toujours les meilleures notes, celle dont tout le monde pensait qu'elle serait première, a échoué. A la surprise générale, la jeune fille dont la vue était déficiente a obtenu au contraire de très bonnes notes et s'est retrouvée parmi les cinq premiers de la classe. Sur ces trente étudiants, les six dévots d'Amma ont remporté les six meilleures mentions, avec les félicitations du jury. J'avoue que je fus sidérée en l'apprenant ! Je ne veux pas dire par là qu'il suffit d'être un dévot d'Amma pour réussir et qu'il est inutile de travailler. Mais soyons conscients du pouvoir miraculeux et insondable de la grâce ; si nous sommes réceptifs, elle se manifeste dans notre vie. Commençons par fournir les efforts nécessaires car sinon, il est très difficile à la grâce de Dieu de nous atteindre. Une fois que nous avons fait de notre mieux, laissons-nous guider avec confiance par la grâce. Abandonnons-nous à Amma, réglons la radio de notre esprit sur sa fréquence divine, et la grâce viendra naturellement.

L'effort est essentiel pour s'ouvrir à la grâce. Amma donne l'exemple suivant : si nous prévoyons de traverser des montagnes en voiture, vérifions d'abord le moteur et les freins du véhicule pour être sûrs qu'ils fonctionnent correctement. Assurons-nous qu'il y a assez d'essence, d'huile et d'eau dans le moteur, et que notre parebrise est propre. Ayant pris toutes ces précautions, abandonnons le reste à la grâce de Dieu.

Une dévote californienne a un fils adolescent atteint d'une maladie très rare qui fait que son cerveau est sous développé et ressemble à celui d'un enfant. Pendant des années, chaque jour, il s'est assis sur le canapé à côté de sa mère qui essayait de lui apprendre à lire. Quand il a eu quinze ans, elle a craint qu'il n'y parvienne jamais.

Ne sachant plus quoi faire, cette mère est venue voir Amma et l'a suppliée de les aider. Amma lui a demandé d'apporter un morceau de bois de santal pour le bénir. Elle en a trouvé un, puis elle est allée au darshan avec son fils. Celui-ci a pris le bois de santal des mains de sa mère et l'a tendu à Amma en la regardant profondément dans les yeux. La mère a été extrêmement surprise par le comportement de son fils car il ne regardait habituellement personne dans les yeux. Amma lui a rendu son regard, puis lui a redonné le bois de santal après l'avoir béni.

Chaque jour, il a appliqué la pâte de santal sur son front, et il a commencé à apprendre à lire. C'était prodigieux ! Deux ans plus tard, sa mère m'informait qu'il lisait désormais des livres de cinq cents pages, empruntés à la bibliothèque. Il lit aussi quotidiennement les journaux. Il scrute les colonnes des journaux puis il écrit aux gouverneurs pour sauver des condamnés à mort. Par ces lettres, il œuvre pour la paix et la justice. Cette femme affirme que son fils en sait maintenant beaucoup plus qu'elle sur la politique. Cet enfant sera toujours retardé mentalement mais grâce à la bénédiction d'Amma, il a un cœur en or et il connaît son *dharma*.

Amma est un phare qui nous guide et illumine d'espoir notre chemin. Quelle bénédiction pour nous ! En ces temps difficiles, elle nous montre comment traverser en toute sécurité ce monde de folie. Même si nous croyons que le monde entier nous est hostile, gardons toujours l'espoir. Efforçons-nous par tous les moyens d'obtenir la grâce merveilleuse du guru. Il suffit de faire les efforts nécessaires et de développer l'attitude juste.

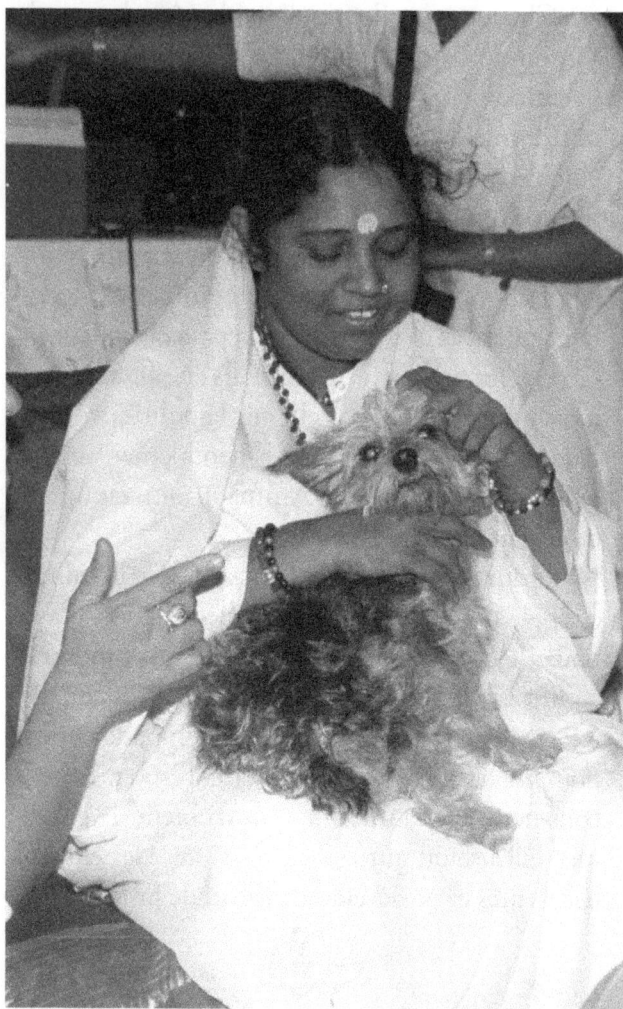

Chapitre 17

Elle guide nos pas

Amma nous prouve de bien des façons qu'elle est toujours avec nous. Sa sollicitude et sa compassion sont sans limites. Où que nous soyons, elle veille sur nous avec un amour divin qui ne nous abandonnera jamais.

Une femme est venue me voir en Australie et m'a raconté une histoire presque incroyable. Elle cherchait pour sa fille une sorte d'amulette pour la protéger durant son voyage en Amérique du Sud. Elle décida de lui acheter un bracelet de chevilles en graines de rudrakshas qui avait été porté par Amma.

Malheureusement, au cours du voyage, dans un petit village, sa fille tomba extrêmement malade. Elle ne comprenait pas la langue locale et il n'y avait personne avec elle pour l'aider. Une des femmes du village vit qu'elle était malade et s'approcha d'elle. Lorsqu'elle remarqua le bracelet de cheville, elle le montra du doigt en demandant : « Amma ? » Bien qu'aucune des deux ne comprît la langue de l'autre, elles découvrirent un mot qui créa entre elles un lien universel. La villageoise emmena la jeune fille chez elle. Celle-ci fut à la fois stupéfaite et reconnaissante de découvrir une photo d'Amma accrochée au mur de la petite maison. Cette femme avait rencontré Amma et reçu son darshan au Chili. Dans l'entrée de sa maison, bien en évidence, se trouvait une photo des pieds d'Amma. Elle soigna la jeune fille jusqu'à ce qu'elle fût rétablie. Celle-ci téléphona ensuite à sa mère pour lui raconter toute l'histoire. Elle était convaincue qu'Amma lui avait sauvé la vie et lui avait tendrement accordé sa protection dans ce moment de détresse.

Nous sommes en présence du maître éveillé le plus fantastique extraordinaire et le plus compatissant qui ait jamais vécu sur cette Terre. Elle nous offre sa protection et le souffle rafraîchissant de sa grâce dans le désert de la vie. Cela est vrai même pendant les périodes apparemment difficiles. Il nous faudra peut-être souffrir un peu, si tel est notre destin, mais Amma nous protège. Elle nous le promet : elle veille sur nous en permanence.

Une dévote témoigne de son expérience : « A la fin du printemps 2007 je me préparais pour aller voir Amma à Puyallup, près de Seattle, et recevoir son darshan. J'étais très heureuse ce jour-là, parce que mon meilleur ami m'avait appelé pour me dire qu'il viendrait au programme avec moi. Auparavant, il n'avait jamais eu le désir de rencontrer Amma. Depuis des années, je lui demandais de m'accompagner, le suppliant même parfois, mais il avait toujours refusé. L'année précédente, sans lui en parler, j'avais fait bénir sa photo par Amma. C'est ensuite qu'il changea d'avis et décida d'aller voir Amma. Ce fut le premier petit miracle.

Donc, tout en m'habillant, je me réjouissais qu'il vienne avec moi. Sur l'autoroute qui mène chez lui, je débordais de joie et de gratitude. Traversée par des vagues de béatitude, je versais des larmes d'extase. Je devais vraiment faire beaucoup d'efforts pour me concentrer sur la route.

Je suis arrivée chez lui, et nous sommes partis pour Puyallup. Je roulais sur la voie rapide, désireuse d'arriver le plus vite possible, lorsque soudain la voiture est tombée en panne : le compteur kilométrique est tombé à zéro, le volant et les freins ne répondaient plus et la voiture perdait de la vitesse. Je n'avais plus aucun contrôle du véhicule. Il y avait beaucoup de circulation sur la route ce jour-là, et pourtant, la voiture a traversé les quatre voies sans accident avant de s'arrêter sur la bande d'arrêt d'urgence. J'ignore comment une voiture qui était à plat et aurait dû s'arrêter net a réussi à traverser toute cette circulation, mais c'est ce qui s'est passé. C'est le miracle de la grâce d'Amma. Ce jour-là, elle nous a sauvé la vie. Nous avons repris notre souffle et regardé autour de nous, stupéfaits, puis j'ai essayé de tourner la clé de contact et j'ai entendu un bruit épouvantable qui venait du moteur. Nous sommes sortis du véhicule et avons ouvert le capot : le moteur avait pris feu. Le feu s'était éteint tout seul mais le moteur fumait encore et le capot était bien brûlé.

Que faire ? Nous avions échoué au bord de l'autoroute avec une voiture qui n'irait certainement nulle part ce jour-là. Nous avons téléphoné pour demander de l'aide, et la voiture fut remorquée jusqu'à la maison de mon ami.

Il pensait que c'était peut-être un signe qu'il ne fallait pas aller voir Amma, mais je n'ai rien voulu entendre. « Il faut à tout prix que nous y allions. Il suffit que ce soit toi qui conduise, » lui ai-je dit.

Nous sommes arrivés tard, mais on nous a quand même donné un ticket de darshan. A ma grande joie et surprise, les numéros de nos tickets étaient parmi les premiers, ce qui signifiait que nous pourrions rencontrer Amma assez rapidement. Pendant que j'étais dans les bras d'Amma, un groupe de dévots chantait. L'un des chanteurs a chanté (faux) en solo avec tant de dévotion qu'Amma a écouté, ravie, toute la chanson. Elle m'a gardée dans ses bras tout ce temps, en me berçant et en riant. Tous mes soucis, toutes mes préoccupations ont disparu. Pendant qu'elle m'étreignait et me réconfortait, il m'est apparu clairement qu'elle savait exactement ce qui nous était arrivé. Ce fut le plus long darshan de ma vie.

Mon ami est passé juste après moi au darshan et cette expérience l'a complètement bouleversé.

Je suis convaincue que ce jour-là, Amma nous a sauvé la vie. C'est la grâce d'Amma qui a conduit la voiture en lieu sûr ce soir-là, je n'ai aucun doute à ce sujet. Mes yeux se remplissent de larmes alors que j'écris ces lignes. Au fil des années, Amma a sans cesse veillé sur moi, elle m'a guidée et a été ma fidèle amie. Je resterai éternellement dans son giron. Elle est mon souffle même et je l'aime et la vénère de toute mon âme. »

Il suffit d'un petit effort et d'un peu de foi pour prendre conscience qu'Amma guide en douceur chacun de nos pas. En vérité, c'est le Divin qui nous conduit et nous fait traverser sans encombre tous les évènements. Cultivons donc cette foi, fondée sur la Réalité.

Chapitre 18

Cultiver la foi innocente

Il est important de ne pas juger Amma en fonction de ce que nous la voyons faire. Sachons qu'elle agit toujours pour le mieux et acceptons simplement ses actions. Quoi qu'elle fasse, c'est toujours pour *notre* bien. Nous évoluons dans un espace à trois dimensions mais la conscience d'Amma se situe bien au-delà. Qui sait combien de dimensions existent vraiment ?

Des scientifiques spécialisés dans la recherche nucléaire lui ont un jour demandé: « Pouvez-vous nous expliquer la création ? » Elle a répondu: « La création se déroule à un niveau supérieur. Vous êtes conditionnés par un espace à trois dimensions, si bien que votre intellect n'est pas capable d'aller au-delà et de comprendre. »

Il n'est pas nécessaire de comprendre, il suffit d'avoir la foi et de faire confiance.

Si nous faisons un effort conscient pour cultiver la foi en un être tel qu'Amma, cet acte pur attirera sur nous un flot inimaginable de bénédictions. Amma entend toutes nos prières, ayons une foi inébranlable en cette vérité. Nous avons foi en des choses bien moins importantes et ajoutons foi aux sottises que nous racontent des gens stupides. Comprenons qu'Amma entend réellement nos prières et connaît nos moindres désirs. Si nous créons avec elle un lien d'amour, nous pouvons totalement nous relier à elle, car l'amour pur ignore la distance.

Une femme m'a raconté son histoire. Elle se demandait toujours si Amma désirait vraiment sa présence ou avait vraiment besoin d'elle. Comme les foules qui se pressent au darshan sont toujours importantes, elle en doutait. Elle décida de mettre Amma à l'épreuve. Elle se dit : « Si Amma veut vraiment que je sois ici, elle me fera rester. » Ne voyant aucun signe lui indiquant de rester, elle conclut : « Très bien… je vais prendre ma voiture, je m'en vais. Amma ne m'a fait aucun signe. » Elle marcha jusqu'à sa voiture, tourna la clé de contact mais la voiture refusa de démarrer. Elle était vraiment contrariée. Pourquoi la voiture ne démarrait-elle pas ? Voilà qu'elle se retrouvait bloquée ! Elle avait déjà oublié qu'elle avait demandé un signe à Amma. Elle n'avait pas d'autre choix que de rester au programme, et elle l'accepta.

A la fin de la nuit, elle songea : « Il est temps que je parte. Je vais essayer de faire démarrer la voiture. » Elle retourna à la voiture, tourna la clé de contact et le véhicule démarra aussitôt, si bien qu'elle put rentrer chez elle sans encombre. Quelque temps plus tard, elle se rendit compte qu'en testant Amma, elle avait bien obtenu une réponse, mais d'une manière qu'elle n'aurait *jamais* imaginée ! Si nous voulons que l'univers entier se conforme à nos attentes, nous serons déçus car les choses fonctionnent rarement ainsi. Lorsqu'une personne a fait ses preuves vis-à-vis de nous, comme c'est le cas d'Amma, il est temps d'arrêter de douter parce qu'elle seule sait ce qui est juste, ce qui est vrai et ce dont nous avons besoin. C'est à nous d'essayer de nous incliner, d'abandonner notre ego et de ne pas juger avec notre vision déformée. Amma explique par une charmante histoire comment il est possible de percevoir clairement en soi la voix du maître, quel genre de foi nous le permet.

La sécheresse régnait depuis longtemps dans un village. Il ne pleuvait pas. Les villageois décidèrent d'accomplir un rituel pour invoquer la pluie. Ce soir-là, des milliers de personnes se pressaient pour assister à l'évènement. Parmi elles se trouvait une petite fille qui s'était munie d'un parapluie. Certains adultes lui demandèrent pourquoi elle avait emporté un parapluie alors que le ciel était dégagé.

La petite fille répondit : « Eh bien, il va pleuvoir après le rituel, n'est-ce pas ? Je l'ai pris pour ne pas être mouillée. » Bien que le soleil brillât avec force, elle était persuadée qu'il pleuvrait. La fillette avait pris un parapluie car dans son esprit, il ne faisait aucun doute que le rituel aurait l'effet désiré. Cette enfant était la seule à avoir une foi innocente ; c'est ce genre de foi qu'un disciple devrait développer.

C'est grâce à la foi que nous éveillons la force et le potentiel qui se trouvent en nous. Elle nous permet de développer la confiance en nous - la confiance en notre vrai Soi. Cette confiance en

Soi nous aide à nous rapprocher de notre Divinité intérieure. Amma dit que Dieu est à l'intérieur de *chacun d'entre nous* mais que nous ne sommes pas conscients de Sa présence. Une fois que nous entamons notre voyage vers la source, nous devenons plus sensibles à la Présence divine en nous. Nous sommes nés pour apprendre à maîtriser notre esprit, afin de voir la beauté de Dieu en tout, comme le fait Amma. Le monde entier est une manifestation du Divin. Apprenons à nager au milieu des vagues de l'existence, même si elles menacent parfois de nous engloutir. Apprenons à danser sous la pluie, comme Amma aime tant le faire. Si nous y parvenons, nous aurons atteint les cimes de la spiritualité. Amma écoute nos prières, nos problèmes et nous donne énormément. Pendant le darshan, elle nous accueille pendant des heures et des heures. C'est ainsi qu'elle nous insuffle la foi que nous aussi sommes capables de dépasser nos limites. Et peu à peu, nous y parvenons.

Les souvenirs merveilleux, incomparables, des moments passés avec Amma sont de véritables pierres précieuses que nous gardons dans le coffret à bijoux de notre cœur. Rappelons-nous

Amma, le fondement de notre vie, et cultivons au quotidien les valeurs que sont l'amour, le désintéressement et la gratitude. Pourquoi ne pas imaginer qu'Amma nous tient la main et nous guide ? En réalité, c'est ce qu'elle fait, et jamais elle ne nous abandonnera.